MANUEL PRATIQUE

DES HYPOTHÈQUES,

ET DES

VENTES FORCÉES D'IMMEUBLES;

OU

RECUEIL COMPLET

DES nouvelles lois sur le régime hypothécaire, et sur les expropriations forcées ou ventes judiciaires d'immeubles;

AVEC des analyses, des notes détachées, et des modèles de tous les actes qui sont à faire en exécution de ces lois.

Par F. FALCIMAGNE-VAILLANT *Homme de loi.*

A RIOM ET A CLERMONT.

De l'Imprimerie de LANDRIOT et ROSSET, imprimeurs-libraires.

Du 15 Floréal, an 7.

MANUEL PRATIQUE
DES HYPOTHÈQUES
ET DES
VENTES FORCÉES D'IMMEUBLES.

LIVRE PREMIER.

Analyse de la première Loi du 11 brumaire an 7, sur le régime hypothécaire.

Toutes les dispositions de la première loi du 11 brumaire an 7, sur le régime hypothécaire, se rapportent à cinq principaux chefs ; savoir, 1°. la constitution, ou établissement, ou acquisition d'hypothèque. 2°. Les priviléges. 3°. L'affranchissement ou purgement d'hypothèque ou privilége. 4°. Les dispositions relatives aux hypothèques ou priviléges antérieurs à la publication de la loi. 5°. Les bureaux des hypothèques.

SECTION PREMIÈRE.

Des constitutions d'hypothèque.

L'hypothèque est pour les immeubles ce qu'est le gage pour les meubles : elle est une espèce d'engagement d'immeuble pour la solidité d'une obligation, et fait de l'immeuble qui en est affecté, un gage assuré pour la créance hypothécaire.

Exposons sur quels biens, pour quelles créances, contre quelles personnes elle peut être constituée ; quelles en sont les formalités ; quels effets elle produit.

A 2

§. Ier.

Sur quels biens.

La loi que nous analysons n'a pas dérogé à cette ancienne maxime du droit français, *que les meubles n'ont pas de suite par hypothèque :* elle ne permet pas même qu'ils soient affectés de la simple hypothèque sans droit de suite, comme ils l'étoient en certains lieux. Les seuls biens qu'elle déclare susceptibles d'être hypothéqués, sont, 1°. les biens territoriaux ; c'est-à-dire, tous les immeubles corporels, soit ruraux, soit urbains. 2°. L'usufruit de ces mêmes biens. 3°. Les baux emphytéotiques d'iceux. 4°. Les accessoires inhérens aux biens hypothéqués, qui accèdent à leur hypothèque ; tels que les droits de servitude foncière, les bois non coupés, les fruits tenans à la tige, les boisemens d'une habitation, et enfin tout ce qui est mis à perpétuelle demeure, quoique meuble de sa nature. (*V.* Pothier, *traité de la communauté, quels meubles sont réputés immeubles*).

Mais on ne peut à l'avenir, et à compter de la publication de la loi, constituer hypothèque sur les immeubles *incorporels* ou fictifs ; tels qu'une rente, même foncière, et toutes les autres prestations rachetables. On ne peut non plus hypothéquer les accessoires indépendamment et isolément de l'immeuble dont ils dépendent ; et lors même que des choses meubles ont été hypothéquées par droit d'accessoire, elles sont dégrevées et affranchies de cet asservissement par la seule séparation qu'on en fait de l'immeuble ; à moins toutefois qu'auparavant elles n'aient été saisies avec l'objet principal où elles tenoient.

Il est entendu que les biens immeubles qu'on soumet à l'hypothèque, doivent être aliénables, et que ce qui ne peut être aliéné, ne peut pas non plus être hypothéqué : par exemple, une place publique, une grand'route, le courant d'une rivière ou d'un ruisseau.

§. II.

Pour quelles créances.

Les créances pour être susceptibles d'hypothèque, exigent, ou un acte notarié, ou la reconnoissance authentique, soit volontaire, soit forcée, de l'acte privé qui les établit ; ou une condamnation judiciaire ; ou enfin la disposition d'une loi qui leur accorde de plein droit cette prérogative. La nouvelle loi à cet égard est conforme aux anciens principes, mais seulement jusqu'à un certain point, puisqu'elle requiert de plus l'inscription du titre, ainsi que nous le dirons bientôt, §. IV.

Les accessoires d'une créance hypothécaire jouissent du même avantage que le principal. Cependant les intérêts des capitaux qui en produisent, ne sont admis au même rang du principal, que pour les deux dernières années. Ce qui sans doute a été ainsi établi pour prévenir les inconvéniens qu'entraîne l'accumulation de pareilles dettes, trop souvent défavorables.

L'acte notarié qui fonde une hypothèque, doit indiquer la nature et la situation des biens affectés. Mais il n'en est pas de même des jugemens ; ce qui seroit souvent impossible.

§. III.

Contre qui.

L'hypothèque renferme en soi un commencement d'aliénation conditionnelle. Celui-là seul peut donc grever ses biens d'hypothèque, qui en a la libre administration et disposition. Ainsi les fous, les furieux, n'en sont pas capables : ainsi les mineurs, les interdits, sont à cet égard sujets aux mêmes conditions et aux mêmes formes que pour les aliénations : ainsi enfin pour hypothéquer le bien d'autrui, une procuration générale ne suffit pas ; il faut un pouvoir spécial : et en un mot, toute affectation d'hypothèque exige le même droit, les mêmes causes et les mêmes conditions que l'aliénation. Ces principes ne sont pas nouveaux.

§. IV.

Quelles formalités.

Aujourd'hui l'hypothèque ne s'acquiert réellement et ne prend force que par l'inscription qu'on fait de la créance sur les registres publics à ce destinés, dans les bureaux dont nous parlerons plus bas, section V. Les

titres authentiques sur lesquels la créance seroit fondée,
ou bien la disposition des lois qui en tient lieu en certains
cas, ne sont plus qu'une simple condition préalable, mais
une condition essentielle. (*V. ci-devant* §. II).

Cette inscription se fait au bureau de la situation des
immeubles qu'on hypothèque. D'où s'ensuit que , si elle
a été faite dans plusieurs bureaux , elle n'opère dans le
ressort de chacun, que du jour qu'elle y a été faite.

Le créancier pour se faire inscrire, présente au bureau,
soit par lui-même , soit par un tiers, l'original de son
titre , lorsque ce titre est en brevet, ou sinon , une expédition authentique : il y joint un bordereau de sa créance,
dont la forme est prescrite en l'art. 17 de la loi, et consiste en général à désigner, 1°. les nom , prénom , profession et domicile du créancier. 2°. Ceux du débiteur. 3°. La
date du titre. 4°. Le montant des capitaux et des accessoires. 5°. L'époque de leur échéance. 6°. L'espèce et la
situation des biens grevés. 7°. Le domicile élu par le
créancier dans l'arrondissement du bureau. (*Voy. le mo-*
dèle de ce bordereau, liv. 6.)

On dresse ce bordereau en double exemplaire et sur
papier timbré. L'un des doubles reste au bureau, et l'autre, qu'on peut dresser à la suite de l'expédition ou brevet du titre , est rendu au requérant avec ladite expédition ou brevet : mais avant cette remise, le préposé y met
au bas son certificat d'inscription. (*Voy. le modèle.*)

Au surplus il est à noter sur ce bordereau , 1°. qu'il
peut être dressé et présenté , soit par le créancier lui-
même , soit par un tiers de sa part ; le ministère d'huissier
n'est pas requis. 2°. Quoique la loi ne dise pas qu'il doive
être signé de celui qui le présente , cette signature paroît
indispensable, au moins sur celui des doubles qui, comme
nous venons de le dire , demeure au préposé, et lui sert
de titre justificatif de la demande en inscription. 3°. Elle
n'exige pas non plus qu'un fondé de pouvoir, dont on se
serviroit, soit tenu de justifier de sa procuration ; mais la
prudence conseille de prendre cette précaution pour
éviter toute difficulté, bonne ou mauvaise, à moins que
le requérant ne se fasse fort pour le créancier. 4°. L'élection de domicile qu'il est indispensable de déclarer dans
le bordereau, et dont le but est sans doute d'éviter,
ou des frais, ou des contestations, ou des surprises,

peut se faire hors de la commune où est établi le bureau, et conserve son effet malgré le décès, tant de celui qui a élu le domicile, que de celui chez qui il l'a choisi ; mais on est libre d'en changer. 5°. Cette élection de domicile n'empêche pas de donner les exploits à la personne elle-même. 6°. Lorsqu'on n'a point de titre et que l'hypothèque est purement légale, on indique dans le bordereau, en place de la relation du titre, l'époque où le droit a pris naissance. 7°. La désignation et description des objets hypothéqués n'est prescrite que pour l'hypothèque conventionnelle, et non pour celle qui résulte, soit d'un jugement, soit de la loi seule. La raison en est qu'alors il ne seroit souvent pas au pouvoir des créanciers d'indiquer des objets qu'ils ne connoîtroient pas. 8°. S'il s'agit d'un corps de domaine, il ne suffit pas de le désigner en masse ; il faut détailler les différens héritages pièce à pièce : car le même motif qui oblige de désigner, commande aussi de le faire en détail ; et ce motif est que le public soit instruit que tels ou tels héritages sont grevés, ou libres, afin que chaque acquéreur d'un héritage con·oisse les créanciers à qui il doit notifier son acquisition pour purger les hypothèques. 9°. Si le créancier réclame des prestations autres qu'en argent, il est tenu d'en faire l'évaluation en deniers. 10°. Quand on ignore le vrai nom du débiteur, ainsi qu'il peut arriver dans les hypothèques légales et judiciares, on le désigne au bordereau de telle manière que le conservateur ne puisse pas se méprendre sur l'individu grevé. 11°. Lorsque l'hypothèque est, ou au profit de la nation sur les comptables de deniers publics ou sur leurs cautions, et pour raison de cette comptabilité ; ou au profit des mineurs, des interdits, ou des absens, contre leurs tuteurs, curateurs, et administrateurs, au sujet de leur gestion ; ou enfin au profit des époux, à raison de leurs conventions et droits matrimoniaux éventuels non ouverts ni déterminés ; dans ces trois cas on n'est tenu, ni d'exhiber ou désigner le titre de la créance, ni d'en fixer le montant, ni d'indiquer ou énoncer les biens qu'on veut affecter. Mais on doit expliquer la nature de son droit, et suivre toutes les autres formalités communes.

Les inscriptions qui concernent la nation sont requises par le commissaire établi près l'administration centrale : celles des mineurs, des interdits, etc. contre les tuteurs,

curateurs, et autres administrateurs, le sont par les su-
brogés-tuteurs, ou par les parens et amis qui ont concouru à la nomination ; ils en sont tenus chacun individuellement et sous leur responsabilité solidaire. Quant à
celles des époux mineurs, pour leurs conventions et droits
matrimoniaux, les père, mère, ou tuteur, sous l'autorité de qui le mariage s'est fait, en sont tenus et responsables : et s'ils sont décédés, cette obligation est à la charge
du subrogé-tuteur ou curateur ; et s'il n'y en a pas, elle
retombe sur les parens et amis qui ont concouru à la tutelle ou curatelle, et qui en demeurent aussi solidairement
tenus.

En cas de retard dans ces trois espèces, le commissaire
municipal doit suppléer à ceux qui en étoient tenus; mais
on ne dit pas dans quel délai il y a retard, ni dans quel
intervalle le commissaire doit agir.

Il faut observer que toute inscription qui ne précède
pas de dix jours la faillite, banqueroute, ou cessation
publique de payement d'un débiteur, ne confère point
d'hypothèque, quoique le titre authentique sur lequel
elle seroit fondée fût bien antérieur à ce terme.

Remarquez encore que lorsque l'inscription se prend
sur les biens d'un défunt, sa dénomination seule suffit,
sans y joindre celle de l'héritier.

§ V.

Quels effets.

Comme l'hypothèque est une espèce de gage, et que
le gage de sa nature donne à celui qui en est nanti, un droit
réel sur l'objet engagé ; il s'ensuit que le créancier hypothécaire peut suivre la chose hypothéquée en quelques
mains qu'elle passe : et le tiers détenteur est contraint,
ou de remplir l'obligation, ou d'abandonner soit la
possession de la chose, soit au moins le prix, s'il a fait
purger la propriété de la chose des hypothèques et priviléges.

Mais le tiers acquéreur n'est pas de pire condition que
n'étoit le débiteur originaire lui-même quand il possédoit,
et par conséquent aucune vente, soit volontaire, soit forcée, ne rend exigibles en vertu de l'hypothèque les capi-

taux aliénés, ni les autres créances non échues. L'acquéreur jouit des mêmes termes et facilités que le principal
débiteur : pourvu cependant que le contraire n'ait pas été
stipulé, ainsi qu'il est évident.

L'hypothèque est, ou conventionnelle, ou judiciaire,
ou légale : l'effet de chacune de ces trois espèces diffère
en quelque chose des autres : car l'hypothèque conventionnelle, n'affecte que les biens appartenans au débiteur lors de la convention et désignés dans l'acte, avec
les améliorations qui y surviennent, mais non les acquisitions postérieures; encore qu'il y en eût une stipulation
expresse dans l'acte, suivie ensuite d'une inscription
dans les formes : il ne dépend pas de la volonté des contractans de nuire à des tiers, malgré la loi.

L'hypothèque judiciaire ou forcée atteint les biens appartenans au débiteur lors du jugement, *quoique non
désignés*.

Quant aux hypothèques légales, parmi lesquelles on
compte celles des femmes contre leurs maris, elles ne
frappent que sur les biens possédés par le débiteur au moment même de l'inscription. Mais le créancier peut réi-
térer son inscription en cas d'acquisitions postérieures
faites par le débiteur : il n'est tenu dans aucune de spé-
cifier les immeubles.

Il est donc vrai de dire en un sens qu'il n'y a plus d'hypothèque générale, laquelle étoit celle qui affectoit tous
les biens, présens et à venir, du débiteur : la plus grande
étendue indéterminée que puisse avoir une hypothèque
est de comprendre tous les immeubles appartenans au
débiteur dans le ressort du bureau au moment que l'inscription y est faite, si l'hypothèque est légale, ou lors du
jugement, si elle est judiciaire : la conventionnelle est toujours spéciale comme on l'a vu plus haut.

On n'admet pas non plus de créance indéfinie en hypothèque, ainsi que nous l'avons déjà remarqué, si ce
n'est dans trois cas seulement; savoir, 1°. pour la nation,
contre ses comptables; 2°. pour les mineurs, les interdits,
ou les absens, contre leurs tuteurs ou autres administrateurs ; 3°. pour les époux, à raison de leurs droits matrimoniaux éventuels indéterminés. Mais tout autre créancier est tenu de limiter sa créance et de la liquider en deniers.

Lorsque l'hypothèque est privilégiée, comme on le

verra plus bas, elle est acquittable avant celles qui ne le
sont pas, quoique antérieures en date. Mais autrement
la première inscrite l'emporte sur les autres, selon ia maxime ancienne, *qui prior tempore, potior jure.* Ces principes ont été empruntés du droit romain.

Toutes les inscriptions faites le même jour viennent en
concurrence, et la nouvelle loi ne distingue pas *l'avant
midi* et *l'après midi,* comme on le pratiquoit ci-devant.

L'effet des inscriptions ne dure que dix ans, à compter
de leur date : celui qui veut conserver son ancien rang,
doit les renouveler avant ce terme ; sinon son hypothèque ne compte plus que du jour de la dernière inscription ; ou plutôt, de la première qui se fait après les dix
ans.

Cet effet néanmoins continue, soit au profit de la nation pour maniement de deniers publics, contre les comptables et leurs cautions ; soit au profit des mineurs, etc.
pour gestion de leurs biens, contre les tuteurs, curateurs,
et administrateurs quelconques, jusques à la reddition
du compte, et six mois au delà de l'appurement définitif,
quoique les dix ans soient passés.

Il continue pareillement au profit des époux contre
leurs conjoints pour tous leurs droits et conventions de
mariage, soit déterminés, soit éventuels, pendant que le
mariage subsiste et un an après.

Au surplus il est clair qu'avant ce terme de dix ans et
à toute époque, les inscriptions peuvent finir par la radiation, soit du consentement des parties, soit en vertu
d'un jugement exécutoire. Mais il faut pour obtenir la
radiation, déposer au bureau où les inscriptions sont faites, une expédition authentique de l'acte volontaire ou
du jugement en vertu duquel on la requiert.

SECTION II.

Des priviléges en hypothèque.

Les priviléges hypothécaires donnent le droit d'être
préféré aux autres créanciers, quoique antérieurs en hypothèque.

La présente loi n'en indique que six ; savoir, 1°. pour
frais des scellés et inventaires. 2°. Pour une année échue

et la courante, des impositions foncières. 3°. Pour frais
de dernière maladie et inhumation. 4°. Pour une année
d'arrérages, et ce qu'il y a d'échu sur l'année courante
des gages des domestiques. 5°. Pour les ouvriers et les
entrepreneurs, ou pour leurs cessionnaires, jusqu'à concurrence de la plus-value résultante des constructions,
réparations, et améliorations dans l'objet. 6°. Pour les
précédens propriétaires ou leurs ayars cause.

A quoi il faut joindre le privilége des frais d'ordre,
lorsqu'il y a lieu. (*V. la deuxième loi du 11 brumaire an
7, article 34, ci-après*). Quant aux frais de poursuite pour
parvenir à la vente de l'objet hypothéqué, ils ne sauroient
fournir matière à privilége, attendu que l'adjudicataire
est tenu de les payer et rembourser au poursuivant, en
outre et au par-dessus du prix.

Ces priviléges suivent l'ordre dans lequel nous venons
de les exposer, si ce n'est que les frais d'ordre passent avant
tout. Mais il est à remarquer sur le 1er. le 3e. et le 4e. privilége, qu'ils ne viennent sur les immeubles que subsidiairement et en cas d'insuffisance du mobilier. Pareillement pour que le 5e. ait lieu, on doit avoir dressé un
procès verbal de devis avant de rien commencer; et un
procès verbal de réception des ouvrages, dans les deux
mois après leur confection. Ces procès verbaux sont
dressés par des experts nommés d'office par le juge de paix
du canton où l'immeuble est situé, et en présence du
commissaire près l'administration municipale du même
canton.

Ces deux actes doivent être inscrits au bureau de l'arrondissement : le premier doit même l'être avant le travail commencé.

Comme ces priviléges sont de vraies hypothèques, ils
sont en général sujets aux règles et aux formalités du régime hypothécaire : seulement les quatre premiers ne
sont point assujettis à la formalité de l'inscription, pour
conserver leur rang et leur force : mais au surplus nous
dirons plus bas qu'ils nous paroissent y être sujets pour
être connus de l'acquéreur.

Nous n'avons pas besoin d'ajouter que les frais d'ordre
ne sont sujets à rien.

La nouvelle loi a confirmé le droit qu'avoient les créanciers des personnes décédées et leurs légataires, de de-

mander la distinction et séparation des patrimoines, suivant les lois antérieures : ce qui forme une autre espèce de privilége, indépendant même de toute hypothèque. Mais elle ne dit pas si réciproquement les créanciers de l'héritier jouiront du même avantage : il nous paroît que oui ; les raisons en sont les mêmes.

S E C T I O N III.

De la manière de consolider les acquisitions d'immeubles et de les affranchir ou purger d'hypothèques.

Nous avons vu que l'hypothèque aujourd'hui ne prend force en général, que par l'inscription de la créance dans les bureaux publics établis à cette fin : elle ne finit aussi que par la radiation ou cessation de cette inscription.

Voici donc ce qu'il y a à faire quand on veut affranchir de toute hypothèque un immeuble acquis et susceptible d'en être grevé.

D'abord l'acquéreur fait transcrire son titre au bureau des hypothèques sous l'arrondissement duquel l'immeuble est situé. Du jour de cette transcription date l'incapacité du vendeur ou possesseur antérieur, de le grever de nouvelles hypothèques ; et jusques-là le titre de l'acquéreur ne sauroit être opposé à un tiers, qui ayant contracté depuis cet acte, se seroit conformé à la loi que nous expliquons : mais s'il ne s'y est pas conformé lui-même, il n'en tire aucun avantage ; cela est naturel.

Le préposé du bureau certifie la transcription, au bas de l'expédition qu'il remet à l'acquéreur ; lequel dorénavant ne doit plus craindre de se voir grever de nouvelles hypothèques, mais continue encore d'être tenu des précédentes, soit sur la chose, soit sur le prix, selon le cas, ainsi que nous allons l'expliquer.

Si les droits des créanciers inscrits au bureau n'excèdent pas le prix de l'acquisition ; ou que, s'ils l'excèdent, l'acquéreur juge à propos de payer de son bon gré, même l'excédent ; alors il n'est plus question que de procéder à l'ordre et distribution des deniers. Toutefois en ce cas l'acquéreur a son recours contre le vendeur pour recouvrer ce qu'il aura légitimement payé ou devra payer, en sus du prix stipulé, avec intérêts du jour des payemens, sauf

au vendeur à intenter l'action en lésion si la vente a été
faite à une époque où cette action étoit admise.

Mais si les charges et hypothèques excèdent ou peuvent
excéder le prix, et que l'acquéreur ne veuille pas payer
l'excédent, ou s'exposer à le payer ou à délaisser l'immeuble, il doit dans le mois de la transcription, notifier
aux créanciers inscrits, soit à personne, soit au domicile
élu par leur inscription, 1°. son titre d'acquisition ; 2°. le
certificat de transcription ; 3°. l'état des charges et hypothèques de l'objet grevé, antérieures à la transcription.
Dans cette notification il déclare que les créances échues
seront acquittées sur le champ, et que celles à échoir le
seront dans les termes et de la manière qu'elles ont été
constituées; mais le tout jusqu'à concurrence seulement
du prix convenu dans son acte. Cette notification se fait
par le ministère d'un huissier, dans les formes ordinaires.

Après que l'acquéreur a fait cette notification dans ledit
délai d'un mois, tout créancier dont les titres ont été inscrits au même bureau, et qui a intérêt de ne pas s'en tenir
aux propositions faites par l'acquéreur, doit déclarer à
ce dernier qu'il requiert la mise aux enchères et adjudication publique de l'immeuble.

Mais un créancier n'a ce droit que sous trois conditions:
car, 1°. il doit notifier cette déclaration dans un autre
mois, à compter de la notification qui lui a été faite par
l'acquéreur. 2°. Il doit se soumettre à porter ou faire
porter le prix, à un vingtième au moins en sus de la convention. 3°. L'original et les copies de sa déclaration,
qu'on signifie tant à l'acquéreur qu'au vendeur, doivent
être signés de lui ou de son fondé de pouvoir : et le fondé
de pouvoir est tenu de donner copie de sa procuration :
le tout à peine de nullité.

Faute par le créancier de faire ainsi ses diligences dans
ledit délai, la valeur de l'immeuble demeure fixée de
plein droit au prix convenu par l'acte d'aliénation ; et
l'acquéreur ne doit plus que ce prix, par le payement
duquel l'immeuble acquis lui demeure franc et quitte de
toute hypothèque.

Que si au contraire le créancier s'est mis en règle, la
vente sur enchères et adjudication publique se fait suivant
les formes des ventes judiciaires d'immeubles dont nous
parlerons plus bas. Elle peut être poursuivie, soit par

l'acquéreur, soit par le créancier requérant. Le poursuivant énonce dans les affiches, le montant du prix porté
au contrat et la somme en sus, à laquelle le créancier
s'est obligé de le porter ou faire porter.

Le tiers adjudicataire restitue à l'acquéreur les frais et
loyaux coûts du premier contrat et de sa transcription sur
les registres des hypothèques, ainsi que ceux de la procédure pour parvenir à la revente : le tout en sus du prix
de l'adjudication.

Et si l'acquéreur se rend lui-même adjudicataire, il
faudroit, en consultant l'opinion vulgaire qui s'étoit formée sur une question pareille dans l'ancien régime, décider qu'il recouvrera contre son premier vendeur, tous les
frais de la procédure, et même l'excédent du prix provenu des enchères dans la revente, avec intérêts depuis
le jour des déboursés. A quoi je trouve beaucoup de difficulté ; puisque l'acquéreur a tort de se plaindre de
payer l'objet son juste prix, qui est celui des enchères.
(*V. la note sur l'article* 35, *de la loi.*)

Dès que l'acquéreur s'est libéré, soit à l'amiable, soit
suivant les formes des libérations forcées, il faut qu'il
fasse rayer les inscriptions qui le grevoient : à l'effet de
quoi, et pour justifier au conservateur des hypothèques,
de la légitimité de la radiation, il produit et dépose au bureau l'expédition authentique, soit de l'acte
volontaire, soit du jugement exécutoire en vertu duquel
il la réclame.

La radiation ainsi opérée, tout est terminé et l'acquéreur est à l'abri de toute recherche pour grèvement d'hypothèque. Mais ces formalités ne purgent pas le droit de
propriété, puisque même la saisie et vente judiciaire n'a
plus aujourd'hui cet effet, comme on le verra dans la suite.

Remarquez au reste que soit que les créanciers ne fassent aucune diligence, soit que sur la revente le prix ne
suffise pas pour les remplir, ils n'en conservent pas moins
tous leurs droits contre le débiteur originaire, pour ce
dont ils ne seront pas satisfaits. Toutes ces formalités ne
sont établies qu'en faveur du tiers détenteur et pour sa
libération.

Remarquez encore que si le titre de mutation constate
qu'il reste dû quelque chose sur le prix ou en représentation d'icelui, au précedent propriétaire ou à ses ayans

cause, la transcription de cet acte tient lieu de demande en inscription pour ces créances ; et le conservateur des hypothèques doit les inscrire si elles ne l'étoient déjà.

Remarquez enfin que la loi semble présenter ici une lacune considérable à l'égard des créanciers privilégiés non soumis à l'inscription ; car la loi n'indique aucun moyen de rendre leurs créances notoires ; or comment l'acquéreur pourra-t-il leur signifier son acte d'acquisition, s'il ne les connoît pas ; et comment seront-ils mis en demeure, sans cette signification ? Je présume donc que, pour qu'il n'y ait pas d'absurdité dans la loi, et que ces dettes ne soient, ou impossibles à purger, ou impossibles à conserver, il faut dire que ces créanciers privilégiés sont seulement exempts de l'inscription en ce sens, qu'elle ne leur est pas nécessaire pour acquérir ou conserver la priorité ou préférence ; mais qu'elle leur est indispensable pour parvenir au payement : à moins peut-être qu'ils ne se servent de quelque autre voie équipollente, comme seroit celle de l'opposition simple sans aucune des formalités rigoureuses des inscriptions ordinaires. (*Voy. l'article* 32 *de la seconde loi du* 11 *brumaire*).

SECTION IV.

Dispositions particulières relatives aux hypothèques et priviléges antérieurs à la publication de la loi.

Deux choses sont à considérer dans les hypothèques et priviléges dont il s'agit ici : 1°. le moyen de les conserver ; 2°. celui de les purger.

§. I.

Conservation des anciennes hypothèques et priviléges.

Les droits anciens d'hypothèque ou privilége, existans lors de la promulgation de la nouvelle loi, doivent être inscrits aux bureaux des hypothèques dans un délai limité, qui n'étoit d'abord que de trois mois à compter de cette promulgation, mais qui a été prorogé, 1°. par une loi additionnelle, du 16 pluviôse, an 7, à deux mois de la publication de cette dernière loi : 2°. à autres deux mois par une nouvelle loi du 17 germinal an 7 : cependant si l'inscription a déjà été faite en exécution, et dans les formes de la loi du 9 messidor, an 3, il n'est pas nécessaire de la renouveler.

Faute d'inscription dans ledit délai ces hypothèques perdront leur rang d'ancienneté, et ne compteront que du jour de l'inscription qui s'en fera après le terme prescrit : et les priviléges dégénéreront en simple hypothèque, qui ne datera aussi que du jour de l'inscription.

Quant à la forme de l'inscription, elle n'a rien de particulier, si ce n'est, 1°. que le créancier n'est pas tenu de produire son titre de créance pour l'obtenir ; 2°. que dans les cas où le commissaire municipal est chargé de requérir l'inscription pour les mineurs, les interdits, ou les absens, il est tenu de le faire après les deux mois de la publication, si on a négligé jusques-là de le faire. 3°. Ajoutons que dans les lieux où l'hypothèque générale étoit ci-devant admise, et n'a pas été restreinte par les contractans, l'inscription conserve le rang aux anciennes hypothèques et priviléges sur tous les biens présens et à venir du débiteur, dans l'étendue du bureau où elle a été légalement faite; et que par conséquent le créancier n'est pas, en ce cas, obligé de désigner la nature ni la situation des immeubles, que souvent il ne connoîtroit ni ne pourroit connoître.

Les inscriptions pour conserver les anciennes hypothèques et priviléges, sur les rentes et autres prestations rachetables qui avant la nouvelle loi étoient susceptibles d'en être grevées, et qui depuis ne le sont plus, se font, savoir, sur les rentes foncières et prestations réelles, au bureau de la situation des immeubles dont elles dépendent; et sur les rentes constituées, au bureau du dernier domicile du créancier d'icelles.

§. II.

Purgement desdites hypothèques et priviléges.

Ceux qui, désirant purger d'anciennes hypothèques, les immeubles dont ils sont devenus possesseurs, n'avoient point, à la promulgation de la nouvelle loi, achevé d'accomplir toutes les formalités prescrites à cet égard par les lois et usages antérieurs, ne peuvent s'en affranchir que par la formalité de la transcription et autres qui en sont les suites, selon la nouvelle loi. Mais les dépôts d'actes d'expropriation qu'ils auroient déjà faits dans les formes et en vertu de l'article 105 de la loi du 9 messidor an 3, tiennent lieu de transcription.

Il est intéressant pour le créancier que la transcription soit faite avant les deux mois de la publication de la loi du 17 germinal an 7; parce que si quelque créancier avoit négligé de s'inscrire dans ledit délai, son hypothèque se trouveroit purgée de plein droit. Mais les inscriptions faites dans les deux mois, quoique postérieures à la transcription du titre de l'acquéreur, conservent les droits de ceux qui les ont faites. D'où s'ensuit que l'acquéreur ne doit, avant ce terme, ni se libérer du prix, ni faire aux créanciers la signification dont nous avons parlé plus haut, pour les mettre en demeure de provoquer la mise aux enchères : la raison en est simple ; il peut jusqu'alors survenir de nouveaux créanciers.

Il est presqu'inutile d'observer que la transcription des actes de mutation des rentes foncières et des prestations réelles rachetables, doit être faite au bureau de la situation de l'immeuble sur lequel ces charges sont imposées. Mais il ne l'est pas d'avertir que celle des actes de mutation des rentes constituées se fait au domicile du précédent propriétaire : car il est de principe que la transcription se doit faire au bureau de la situation de l'immeuble (*V. la loi art.* 26.) : or, avant la transcription, la rente n'est pas réputée, pour les créanciers, être sortie des mains de l'ancien possesseur (*V. la loi*, *art.* 26 *et* 28.). Rappelons-nous au surplus que ces objets ne seront plus susceptibles à l'avenir, d'être grevés de nouvelles hypothèques, et qu'il n'est question que de celles déjà imposées, lorsque la loi est venue.

Le principe établi par l'art. 15 de la loi, *que l'aliénation de l'objet grevé n'influe point sur l'exigibilité de la créance,* ne s'applique point aux mutations authentiques, antérieures à la promulgation de la loi nouvelle (*V. l'art.* 49, *et la note*).

SECTION V.

Des bureaux des hypothèques.

Disons un mot, 1°. de l'établissement et formation de ces bureaux. 2°. Des devoirs de ceux qui les remplissent.

§. I.

Etablissement des bureaux.

La loi portoit (art. 55) que jusqu'à l'organisation des bureaux nécessaires pour l'exercice du régime hypothécaire, le service seroit provisoirement fait par ceux qui furent établis en exécution de la loi du 9 messidor an 3 , et conformément à ses dispositions à cet égard, appropriées à la nouvelle loi.

Mais cette disposition a été abolie par une loi subséquente du 21 ventôse, qui attribue la régie des hypothèques aux receveurs de l'enregistrement , et en règle définitivement le mode. (V. cette loi ci-après, liv. 5).

§ II.

Devoirs des préposés.

Les préposés sont tenus à toute réquisition de délivrer, sans difficulté ni retard, des copies régulières des titres transcrits sur leurs registres: ainsi que des états exacts des inscriptions subsistantes, ou des certificats qu'il n'en existe point, et cela sous leur responsabilité.

Ils sont aussi responsables de tout refus , omission , ou retard, de recevoir les inscriptions ou transcriptions légalement requises, et d'en faire mention sur leurs registres.

Cependant ils ne sont point garans des omissions dans les certificats d'inscription ou de non inscription, qui proviendroient uniquement de l'insuffisance de la désignation qui leur a été faite , et nullement de leur faute.

Mais au moyen de cette responsabilité, l'immeuble à l'égard duquel le conservateur auroit omis quelque hypothèque inscrite, en demeure affranchi pour le nouveau possesseur : sauf néanmoins aux créanciers le droit de faire colloquer leur créance à son rang sur le prix, s'il n'a point été payé au vendeur, ni l'ordre et distribution, faite entre les autres créanciers.

Au surplus le conservateur est subrogé de droit aux actions du créancier, qu'il est obligé de payer, contre le débiteur originaire : car nul ne doit s'enrichir aux dépens d'autrui ; et ce qui n'est établi qu'en faveur des autres créanciers ou de l'acquéreur, ne doit pas profiter au débiteur originaire.

Voilà en substance tout le système du nouveau régime hypothécaire, établi par la loi du onze brumaire an 7, qui abolit toutes autres lois, coutumes et usages antérieurs. (*V. l'art.* 56 *de cette loi.*)

LIVRE II.

LOI

Sur le régime hypothécaire.

Du 11 brumaire, an VII de la République une et indivisible.

Sur une Résolution du 24 thermidor, an VI.

TITRE PREMIER.

Des hypothèques et priviléges pour l'avenir.

CHAPITRE PREMIER.

Des hypothèques et priviléges.

ART. Ier. **L'HYPOTHÈQUE** est un droit réel sur les immeubles affectés au payement d'une obligation.

Le privilége sur les immeubles est le droit d'être préféré aux autres créanciers, quoique antérieurs en hypothèque (1).

II. L'hypothèque ne prend rang (2), et les priviléges

---

(1) Le privilége est un droit réel aussi-bien que l'hypothèque; ou, pour mieux dire, il est une vraie hypothèque d'un ordre supérieur : l'un et l'autre suivent l'immeuble, en quelque main qu'il passe, jusqu'à ce qu'il en soit purgé par les formes légales; comme aussi l'un et l'autre se règlent par la loi de la situation des biens.

(2) *Ne prend rang :* Cette expression est impropre; elle porteroit à croire que l'inscription ne sert qu'à régler la priorité d'hypothèque; et que sans y avoir recours, un créancier peut avoir une vraie hypothèque qui l'autorise au moins, soit à poursuivre l'immeuble aliéné, soit à exclure les simples créanciers chyrographaires; tandis que cela n'est pas, et qu'il n'existe en général aucun degré d'hypothèque et de *jus in re*, sans l'inscription, ainsi qu'on le voit dans toute la contexture de cette loi.

sur les immeubles n'ont d'effet que par leur inscription dans les registres publics à ce destinés, sauf les exceptions autorisées par l'article XI (1).

III. L'hypothèque existe, mais à la charge de l'inscription,

1°. Pour une créance consentie par acte notarié ;

2°. Pour celle résultant d'une condamnation judiciaire (2) ;

3°. Pour celle qui résulte d'un acte privé dont la signature aura été reconnue (3), ou déclarée telle par un jugement ;

4°. Pour celles auxquelles la loi donne le droit d'hypothèque (4).

---

(1) La disposition de cet article est grandement à remarquer. Aucun titre, aucun acte, aucun jugement, aucune loi même ne confèrent aujourd'hui l'hypothèque ; ils n'en sont plus que des préliminaires essentiels. Ces idées sont neuves pour nous. Cette règle ne reçoit que quatre exceptions marquées en l'article XI ; dans tout autre cas, l'inscription est requise.

(2) La loi n'exige point un jugement contradictoire ni en dernier ressort. Par conséquent, un jugement en premier ressort ou par défaut, est suffisant : ce qui s'infère des anciens principes, d'après lesquels l'hypothèque d'un jugement en premier ressort, même par défaut, selon la plus solide opinion, datoit du jour de la prononciation d'icelui, soit qu'il n'y en eût point d'appel ou opposition, soit que dans le cas d'appel ou d'opposition, il fût confirmé.

(3) Cette expression, *dont la signature aura été reconnue*, suppose évidemment qu'une reconnoissance devant notaire, d'un acte privé, est un titre suffisant pour parvenir à l'hypothèque. Je ne sais pourquoi quelqu'un a enseigné le contraire : et en effet cherche-t-on aujourd'hui plus que jamais à susciter des procès nécessaires, et à traîner un créancier, malgré lui, devant les tribunaux ?.... Mais l'acte de reconnoissance, constituant alors une hypothèque volontaire, doit en contenir la stipulation expresse, ainsi que la désignation des héritages grevés, comme nous le dirons bientôt de tout autre acte notarié, destiné à produire hypothèque.

(4) Les anciennes lois sont donc maintenues à cet égard, en ce qu'elles ne contrarient point la présente.

Observez que quoiqu'il ne soit point parlé ici des transac-

B 3

IV. Toute stipulation volontaire d'hypothèque doit indiquer la nature et la situation des immeubles hypothéqués (1) : elle ne peut comprendre que des biens appartenant au débiteur lors de la stipulation ; mais elle s'étend à toutes les améliorations qui y surviendront.

L'hypothèque judiciaire ne peut affecter que les biens appartenant au débiteur lors du jugement.

Quant aux hypothèques que les femmes ont droit d'exercer sur les biens de leurs maris, et à toutes autres hypothèques légales, elles frappent, au moment même de l'inscription, sur tous les biens appartenant au débiteur et situés dans l'arrondissement du bureau où se fait l'inscription.

Le créancier peut aussi, par des inscriptions ultérieures, mais sans préjudice de celles antérieures à la sienne, faire porter son hypothèque sur les biens qui écherroient à son débiteur, ou qu'il acquerroit par la suite (2).

V. L'inscription qui seroit faite dans les dix jours avant la faillite, banqueroute ou cessation publique de payement d'un débiteur, ne confère point hypothèque (3).

---

tions sur conciliation dans les bureaux de paix, nul doute que l'esprit de la loi n'ait été de les y comprendre : car, 1°. Il seroit ridicule de refuser au plus favorable des actes l'avantage qu'on accorde aux plus ordinaires. 2°. Les bureaux de paix sont une autorité judiciaire, puisqu'ils reçoivent le serment décisoire, quand il est déféré : qui peut le plus, peut le moins. 3°. Ils donnent à la convention des parties conciliées le caractère authentique : qu'exigeroit-on de plus ?

(1) Toute hypothèque conventionnelle est donc aujourd'hui spéciale et expresse ; et il n'en sera plus établi de générale ni de tacite par aucun acte volontaire. Les notaires feront attention à cette disposition. Mais les hypothèques antérieures à la publication de la présente loi, conservent leur première qualité.

[Sur cet art. Voy. l'analyse I, section I, §. V.]

(2) Ceci ne s'entend que des hypothèques légales, puisque les conventionnelles, ainsi que les judiciaires, sont fixement bornées sur les biens existans à l'époque du titre.

(3) Ainsi quand même le titre seroit ancien, peu importe : malheur à celui qui a négligé son droit.

On ne peut non plus acquérir aucune hypothèque en fa-

CHAPITRE II.

Des biens susceptibles d'hypothèque.

VI. Sont seuls susceptibles d'hypothèque (1);

1°. Les biens territoriaux transmissibles (2), ensemble leurs accessoires inhérens (3);

2°. L'usufruit, ainsi que la jouissance à titre d'emphytéose, des mêmes biens, pour le temps de leur durée (4).

---

veur de créances fondées sur des lettres ou billets de change, ou autres sortes de billets ou promesses pour fait de commerce, avant l'échéance desdites lettres, billets ou promesses. (*Déclaration du 2 janvier* 1717). Le motif est qu'une condamnation anticipée décrie un marchand, et lui fait perdre son crédit. D'ailleurs en matière de commerce, le créancier compte moins sur une hypothèque, que sur l'assortiment et la bonne foi du débiteur.

(1) *Voyez l'analyse , pag.* 4.

(2) Ce qui est donc inaliénable, comme les grandes routes, les places publiques, certaines forêts nationales, etc. n'est pas susceptible d'hypothèque.

(3) Il résulte du mot *ensemble*, que les accessoires ne sont affectables que simultanément et indivisément avec l'objet principal; et du mot *inhérens*, que si on les sépare, ils perdent cette aptitude : et en effet ils cessent alors d'être accessoires. Au reste il est question ici d'une adhérence et d'une séparation morales et non physiques : on n'a égard qu'à la destination du père de famille.

(4) Un simple usage n'a donc pas cette propriété. Tout le monde sait au surplus que l'usufruit est le droit de jouir en totalité ou en quote part, du produit ou revenu d'une chose, sans en altérer la substance; et que l'usage est le droit de n'en jouir que pour les besoins personnels de l'usager. Quant à l'emphytéose, elle est la concession d'un immeuble pour un temps, à la charge d'amélioration, et en outre, d'une redevance annuelle, soit en fruits, soit en argent : si la concession étoit perpétuelle, ce seroit, ou une rente foncière, ou autre convention semblable.

On avoit voulu d'abord que les coupes des bois et forêts fussent susceptibles d'hypothèque : mais cette disposition a été rejetée à bon droit; car ces coupes se confondent, ou avec l'usufruit, ou avec l'usage, ou avec les fruits et revenus.

VII. Les rentes constituées, les rentes foncières, et les autres prestations que la loi a déclarées rachetables, ne pourront plus à l'avenir être frappées d'hypothèque (1).

VIII. Il n'est rien innové par la présente aux dispositions de l'ordonnance de la marine, du mois d'août 1681, concernant le droit de suite et les priviléges auxquels les navires et bâtimens de mer continueront d'être affectés, même dans les mains d'un nouvel acquéreur, pour les cas qui y sont exprimés et sans qu'il soit besoin d'inscription.

CHAPITRE III.

Des personnes qui peuvent consentir hypothèque.

IX. Peuvent seuls consentir hypothèque sur des biens, ceux qui ont capacité pour les aliéner (2).

X. Les biens des mineurs (3), ceux des majeurs interdits,

---

(1) Mais les hypothèques antérieures à la promulgation de cette loi, continueront jusqu'au rachat, si elles ne sont ni prescrites ni éteintes ou abolies, selon les formes communes.

(2) *Voyez l'analyse, page* 5. J'ai été consulté sur la question suivante; savoir si un seul, de plusieurs cohéritiers qui jouissent par indivis d'un immeuble hypothéquable dépendant de la succession commune, peut hypothéquer, soit en tout, soit en partie, ce même immeuble; et supposé qu'il le puisse, que deviendra l'hypothèque, dans le cas où, par l'effet du partage de la succession, l'objet grevé seroit attribué à tout autre qu'à celui qui l'auroit affecté; car c'est une ancienne maxime en France, *que les partages ne sont que déclaratifs et non attributifs de propriété;* un chacun des copartageans est réputé avoir, dès le principe, hérité seul, et restrictivement dans le lot qui par la suite lui est attribué.

Ma réponse a été qu'un seul des copossesseurs peut affecter, soit le tout, soit partie de l'objet indivis; mais que cette hypothèque est conditionnelle, et dépend de l'issue du partage. La raison est que la nouvelle loi n'a pas dérogé à l'ancienne maxime sus énoncée, qui d'ailleurs ne répugne point à l'esprit de cette loi.

J'entends cependant qu'il n'y ait ni dol ni fraude, soit apparente, soit présumable.

(3) Il se présente ici une question, savoir si un mineur qui

a lui-même en personne hypothéqué son immeuble sans les
formes légales, doit revenir dans les dix ans, ou seulement
dans les trente ans. Je pense que le mineur a trente ans ;
1°. parce que la faculté d'hypothéquer est en France de pur
droit positif ; d'où s'ensuit que si on ne s'est pas conformé à
la loi qui l'accorde, l'hypothèque est nulle : Or toute action
en nullité dure trente ans. 2°. Parce que le mineur a trente
ans pour revenir contre une vente infectée d'un pareil vice :
or nous avons déjà observé que l'hypothèque étoit une
espèce d'aliénation commencée, et que les mineurs n'a-
voient pas plus de pouvoir pour grever d'hypothèque, que
pour aliéner.

Je sais que Chabrol (*tom.* 2, *pag.* 157, *etc.*) a prétendu
que le mineur qui aliène lui-même, n'a que dix ans ; et que
l'action ne dure trente ans que pour les aliénations faites
par les tuteurs et curateurs.

Mais, 1°. cette opinion est contraire au sentiment commun
et presque unanime des bons auteurs anciens et modernes,
qui ne font pas cette distinction subtile, entre les ventes faites
par les mineurs, et celles qui le sont par les tuteurs et curateurs. 2°. S'il en étoit ainsi, les acquéreurs ne manqueroient
jamais de faire intervenir les mineurs, et dans le fait la peine
de nullité infligée contre les aliénations illégales faites par
les tuteurs, deviendroit illusoire, et dégénéreroit en simple
moyen de rescision ; il n'y auroit plus là qu'une vaine subti-
lité de mots. 3°. Il est absurde de supposer que la vente des
immeubles, qui est impérieusement défendue aux mineurs,
soit assimilée et mise de pair avec la vente du mobilier que
les lois leur permettent, soit après l'émancipation, soit après
le mariage ; et qu'on n'ait pour l'une comme pour l'autre,
que la voie de cassation dans les dix ans. 4°. Il est encore
plus absurde qu'une vente d'immeubles qui n'a eu aucune
des conditions exigées par les lois et réglemens, soit aussi
valide qu'une autre vente d'immeubles faite avec toutes les
formalités requises, mais infectée du vice de lésion qui s'y
seroit glissé, malgré les précautions les plus sages. 5°. C'est
une formalité légale que le mineur qui aliène soit assisté de
son curateur ; il n'a donc pas plus de pouvoir que ce curateur ; sinon à quoi bon se feroit-il autoriser par lui ? Et en
effet le curateur est réputé moins sujet à surprise, et par
conséquent plus capable. Or l'aliénation illégale faite par un
curateur, est nulle pendant trente ans, de l'aveu de tout le
monde. 6°. Les mineurs sont à cet égard dans une vraie

peuvent être hypothéqués , que pour les causes et dans

interdiction ; mais personne ne doute que ce que fait un interdit ne soit radicalement nul. 7°. L'on est obligé de convenir qu'en pareil cas la lésion du mineur est présumée de droit ; tandis que la présomption est toujours en faveur d'un acte valide ; et si celui-ci l'étoit, ce seroit au mineur à établir qu'il est lésé, comme il y est tenu, lorsque l'acte étant légal et radicalement valide, il n'a que dix ans pour réclamer. 8°. La jurisprudence contraire est indubitablement fixée : la sentence de 1778, que Chabrol oppose, n'y déroge pas, ainsi que nous le dirons bientôt.

On nous objectera sans doute avec cet auteur, comme un moyen tranchant, l'article 134 de l'ordonnance de 1539, qui ne donne que dix ans aux mineurs pour réclamer, en vertu du privilége de minorité, *la cassation des contrats, même par voie de nullité, pour aliénation de biens immeubles , faite sans décret du juge.*

Mais 1°. l'ordonnance ne parle que des cas, où il y a lieu *à cassation* ; elle ne s'applique donc pas à l'espèce présente, à moins de supposer ce qui est en question ; savoir, que l'acte n'est pas nul, mais seulement rescindable. Aussi Basmaison est-il d'un avis contraire à Chabrol, lui dont tout le monde connoit l'autorité respectable, et qui écrivoit en 1596; c'est-à-dire, cinquante-sept ans après l'ordonnance de 1539. Le célèbre Guénois, son contemporain, dit expressément (*sur Imbert, liv.* 1, *ch.* 54, *n°.* 11), que cette ordonnance ne s'entend que des actes qui sont seulement rescindables ; mais non de ceux qui sont nuls, dès le principe, tels que ceux *qui sont faits avec un mineur, sans autorité du curateur.* L'ordonnance n'a donc pas touché à la question que nous agitons. 2°. Cette loi, prise dans toute sa latitude, prouveroit trop, et ne laisseroit que dix ans aux mineurs pour annuller même les ventes consenties, soit par leurs tuteurs, ou curateurs, soit par les mineurs eux-mêmes, dans l'état de pupillarité : car elle ne fait aucune distinction ni restriction quelconque. 3°. Il est vrai que l'ordonnance parle formellement *des nullités pour aliénation d'immeubles* ; mais cette expression n'est pas universelle, et ne doit s'appliquer qu'aux pays où la loi municipale permettoit en général aux mineurs pubères d'aliéner leurs immeubles ; tels que la Normandie, l'Amiennois, même l'Auvergne avant la rédaction de la coutume ; où cependant la restitution en faveur de minorité étoit admise , quoique la vente fût valide au fond. (*Voyez Mazuer, titre* 25, *n°.* 19.). Voilà quelles

les formes établies par les lois, ou en vertu d'un jugement (1).

CHAPITRE IV.

Des priviléges dispensés de l'inscription, et de ceux de bâtisses.

XI. Il y a privilége sur les immeubles, sans qu'il soit
nécessaire d'aucune inscription (2),

---

sont les aliénations d'immeubles dont l'ordonnance de 1539
a restreint dans les dix ans toute demande en nullité; ce
qui est conforme, et aux principes, et à l'usage. 4°. Au surplus, si l'ordonnance laissoit du doute, elle a été clairement
interprétée par les réglemens de 1650 et 1722, qui ne font
aucune distinction entre ce qu'a fait le tuteur lui seul,
ou le mineur en personne. 5°. La sentence de 1778, dont
Chabrol fortifie son opinion, étoit évidemment fondée sur
des motifs particuliers; puisque l'un des actes qu'elle a con-
firmés étoit encore même dans les dix ans, n'étant que du 3
novembre 1774. Il y a plus, et cette sentence est contredite
par une autre rendue au même tribunal, quelques mois après,
et citée par le même Chabrol (*tome 2, pag.* 259, *alinea
pénultième*). Où en serions-nous d'ailleurs, si une sentence,
ou un arrêt faisoit loi?

*Qu'on nous pardonne cette digression, nécessaire pour
relever une des mille et mille erreurs de Chabrol, qui sans
cesse d'ailleurs, pour le dire en passant, embrouille ce
qui est clair, ou répète mal ce que d'autres ont bien dit
avant lui.*

(1) La raison est que l'affectation d'hypothèque est un
commencement d'aliénation conditionnelle. (*Voy. l'analyse, page* 5.

(2) Cet article fait naître une grande difficulté : Les inscriptions ont deux objets, ainsi qu'on le verra dans la suite
de cette loi ; savoir , 1°. D'établir les hypothèques ou priviléges. 2°. De servir à les purger et à consolider les acquisitions : d'après la disposition de cet article , les priviléges
dont il s'agit ici n'ont besoin d'aucune inscription pour être
acquis; cela est clair. Mais il n'est pas aussi indubitable
qu'ils ne soient pas soumis à une inscription au moins impar-
faite et improprement dite , pour qu'un tiers acquéreur
puisse en purger son acquisition. En effet un nouvel acquéreur ne sauroit parvenir à purger l'objet acquis, des hypothèques et priviléges qui le grèvent, qu'au moyen des inscrip-

1°. Pour frais de scellés et inventaires ;

2°. Pour une année échue et celle courante de la contribution foncière ;

3°. Pour frais de dernière maladie (1), et inhumation ;

4°. Pour une année d'arrérages, et ce qu'il y a d'échu sur l'année courante des gages des domestiques (2).

Les priviléges pour frais de scellés et inventaires, pour ceux de dernière maladie, et inhumation, et pour les gages des domestiques, ne seront exercés sur les immeubles que subsidiairement, et en cas d'insuffisance du mobilier pour acquitter ces créances : leur effet, dans les lieux où ils n'étoient point admis, ne pourra préjudicier aux hypothèques antérieures à la publication de la présente (3).

XII. Il y a aussi privilége en faveur des ouvriers et de leurs cessionnaires, mais seulement jusqu'à concurrence de la plus-value existante au moment de l'aliénation d'un immeuble, quand cette plus-value a pour origine les constructions, réparations et autres impenses (4), que les ouvriers y auroient faites, et lorsqu'avant le commencement des travaux, il aura été dressé un procès

---

tions qui en ont été ou dû être faites par les créanciers.(*Voyez les articles*, 30, 31, *et* 52.).

Dira-t-on qu'il s'agit ici de créances qui ne sauroient jamais être que modiques, et qu'il n'y a aucun inconvénient grave, dans une impossibilité de les purger ? Mais considérons que les seuls frais de dernière maladie peuvent s'élever à 100, 200, 400, 800 francs et plus : or ce ne seroit pas une somme modique à l'égard sur-tout d'une acquisition, par exemple, de 300 francs. (*Voyez l'analyse, page* 15.)

(1) En quoi sont compris les honoraires de garde-malade, viande de boucherie, etc.

(2) La preuve testimoniale du payement antérieur est admissible, et à son défaut le serment.

(3) Mais pour lesquelles on se seroit conformé aux dispositions du titre 3, ci-après. (*Voyez l'article* 57, *etc.*)

(4) Ce privilége n'est donc pas particulier aux constructions, et de quelque manière que l'immeuble se trouve amélioré au moment actuel de l'aliénation, celui qui a procuré cette amélioration, jouit d'un privilége égal au montant de la plus-value. En quoi sont compris ceux qui ont

verbal qui constate l'état dudit immeuble , l'utilité de ces ouvrages , et qu'il aura été procédé à leur réception, deux mois au plus tard après leur confection (1).

Ces procès verbaux (2) seront dressés par des experts nommés d'office (3) par le juge de paix du canton où l'immeuble est situé , et en présence du commissaire du directoire exécutif près l'administration municipale du même arrondissement (4).

XIII. Le procès verbal qui constate les ouvrages à faire , doit être inscrit (5) avant le commencement des réparations , et le privilége n'a d'effet que par cette inscription (6).

Celui de réception des ouvrages doit être également inscrit , à l'effet de déterminer le *maximum* de la créance privilégiée (7).

---

fait des défriches , desséchemens , etc. Ainsi que ceux qui ont prêté les deniers et se sont fait subroger , puisque la loi dit, *les ouvriers et leurs cessionnaires.* Mais tout cela n'a lieu que jusqu'à concurrence de ce qui subsiste des améliorations ; parce qu'à cet égard ceux à qui elles sont dues sont réputés quasi-bailleurs de fonds.

(1) On dresse procès verbal de cette réception. (*Voyez article* 13.)

(2) Savoir, celui qui précède les ouvrages et celui de la réception d'iceux : il y a même raison pour les derniers que pour les premiers.

(3) Et non sur l'indication des parties , de peur de collusion.

(4) Ou icelui duement appelé. Il en est de même du propriétaire.

(5) Au bureau de la situation de l'immeuble à réparer : car toutes les formalités d'hypothèques sont réelles et suivent la situation de l'immeuble.

(6) Et cela afin de prévenir les fraudes et les collusions.

(7) Le procès verbal de réception d'ouvrages doit donc essentiellement en fixer la valeur déterminée. Cependant ce n'est pas précisément cette fixation qui règle l'étendue du privilége ; mais l'estimation de ce qui en reste lors de la dernière aliénation sur laquelle se doit faire l'ordre et distribution de deniers.

C H A P I T R E V.

De l'effet des priviléges et hypothèques.

XIV. Les créanciers ayant privilége ou hypothèque sur un immeuble, peuvent le suivre (1), en quelques mains qu'il se trouve, pour être payés et colloqués sur le prix(2), dans l'ordre suivant :

1°. Les créanciers privilégiés désignés en l'article XI, avant tous autres (3), et en observant entre eux l'ordre indiqué par le même article ;

2°. Les ouvriers, les entrepreneurs, leurs cessionnaires, lorsqu'ils se seront conformés aux dispositions des articles XII et XIII, jusqu'à concurrence seulement de la plus-value résultant des constructions, réparations et améliorations ;

3°. Les précédens propriétaires, ou leurs ayans cause, dont les droits auront été maintenus selon les formes in-

---

(1) Mais en se conformant aux dispositions du titre 2, ci-après.

(2) Soit stipulé par le débiteur avec un tiers acquéreur, soit provenant de la revente aux enchères, si les créanciers ou quelqu'un d'entre eux, usent de la faculté qui leur est accordée par l'article 31, ou encore s'ils ont intenté l'action hypothécaire sans être provoqués par le tiers détenteur. (*Voyez la 3ᵉ. note sur l'article 29.*)

(3) Ceci n'est point parfaitement vrai : les frais d'ordre l'emportent sur-tout. (*Voyez la loi 2, article 34.*) Quant aux autres frais de poursuite pour l'adjudication, ils sont à la charge de l'adjudicataire en sus et outre le prix de l'enchère. (*Voyez la loi 2, article 21.*) Ils ne sauroient donc concourir avec les priviléges. Il en est de même des remboursemens à faire à l'acquéreur dépossédé par la revente. (*Voyez l'article 34 ci-après.*) Au surplus cette distinction, de mettre certains frais à la charge de l'adjudicataire en sus du prix, est oiseuse dans le fonds, et consiste plus dans les mots que dans la réalité : car l'adjudicataire, à quelque titre qu'il les paye, ne laisse pas de les ahuter au prix principal, qu'ils augmentent effectivement.

diquées par la présente, pour ce qui leur restera dû du prix, ou pour les charges qui en tiendront lieu (1);

4°. Les créanciers hypohécaires (2), suivant la priorité de leurs inscriptions, et en cas de concours de plusieurs inscriptions faites le même jour (3), et d'insuffisance de fonds pour en payer intégralement les causes, par contribution entre les créanciers qui les auroient requises;

Le tout sans préjudice du droit qu'ont les créanciers des personnes décédées, et les légataires, de demander la distinction et la séparation des patrimoines, conformément aux lois (4).

XV. La vente, soit volontaire, soit forcée, de l'immeuble grevé, ne rend point exigibles les capitaux aliénés ni les autres créances non échues.

---

(1) Par exemple, si une partie du prix est convertie en constitution de rente. Le vendeur est même quelquefois dispensé de prendre une inscription. (*Voyez l'article* 29, *ci-après.*)

(2) A prendre à la lettre les dispositions et l'ensemble de cet article, il n'existeroit aucun autre privilége que ceux qui y sont énoncés : car après avoir établi que ceux qu'il rapporte exclueront toute autre créance, il vient aux simples hypothécaires, qu'il place immédiatement après et dans une même série de numéros. Il faudroit donc dire à la rigueur que celui qui a conservé l'immeuble ne seroit point privilégié : mais cela me paroit dur, même absurde ; et en prenant l'esprit de la loi, il me semble que celui qui sauve l'immeuble prêt à périr, doit être regardé comme un premier donneur de fonds, antérieur même aux ouvriers ou réparateurs ; puisque sans lui tout étoit perdu : *facit ut res esset in bonis debitoris.* Tels sont les frais faits pour éteindre un incendie ou détourner une inondation, qui alloient détruire le bâtiment saisi.

(3) Cette loi ne distingue donc plus, *l'avant* et *l'après* midi.

(4) Les lois et coutumes antérieures sont donc maintenues à cet égard. Ajoutons que par parité de raison, les créanciers de l'héritier conservent le même droit de division des patrimoines, dans les lieux où la jurisprudence en étoit établie.

En conséquence, l'acquéreur et l'adjudicataire (1) jouiront des mêmes termes et délais qu'avoient les précédens propriétaires de l'immeuble (2), pour acquitter les charges et dettes hypotécaires inscrites (3).

CHAPITRE VI.

Du mode d'inscription des droits d'hypothèque et privilége.

XVI. Les inscriptions seront faites au bureau de la conservation des hypothèques de la situation des biens sur

---

(1) Postérieurs à la publication de cette loi : mais elle n'a pas d'effet rétroactif, et ne comprend pas les aliénations antérieures. (*V. art.* 49).

(2) Afin que la facilité des termes fasse hausser le prix. Avant la présente loi, l'usage étoit de regarder comme exigibles contre l'acquéreur, les capitaux aliénés et les créances non échues ; ce qui pouvoit être fondé sur ce qu'on ne doit pas changer à un créancier son débiteur malgré lui. La plupart des auteurs avoient mal à propos donné pour motif, que le créancier perdoit son hypothèque et par conséquent ses sûretés : car soit dans les décrets volontaires, soit dans l'impétration des lettres de ratification qui depuis 1771 y avoient succédé, les seules hypothèques qui fussent purgées étoient celles pour lesquelles il n'y avoit point eu d'opposition : les autres étoient conservées, d'abord pour le payement du prix, et subsidiairement pour la revente de l'immeuble en cas d'infidélité à payer le prix. Comment auroit-on pu faire revendre sans hypothèque ? d'ailleurs l'article 15 de l'édit de 1771 y est formel.

(3) Quant aux dettes non inscrites, l'acquéreur n'en sera pas tenu ; ni par conséquent des pures dettes chyrographaires, non susceptibles d'inscription. Un des vices de la jurisprudence qui s'étoit formée sur l'édit de 1771, étoit que la déposition du contrat pour purger les hypothèques devenoit quelquefois funeste à l'acquéreur : car les créanciers chyrographaires acquéroient en vertu d'une opposition aux lettres de ratification, le droit, que d'ailleurs ils n'auroient point eu, de faire valoir leur créance de la même manière que les hypothécaires : ce qui étoit contraire aux vrais principes ; mais je pense qu'on faisoit une application forcée des articles 9 et 19 de cet édit.

lesquels

lesquels le créancier entend exercer son hypothèque ou privilége (1).

Si l'inscription de la même créance a été faite dans plusieurs bureaux, l'hypothèque n'a rang sur les biens situés dans chacun d'eux, que du jour où l'inscription y a été effectuée (2).

XVII. A cet effet, le créancier (3) représente (4), soit

---

(1) On fait pour une même créance autant d'inscriptions, qu'il y a d'arrondissemens où se trouvent situés des immeubles du débiteur, et l'hypothèque ne comptant dans chaque bureau que de la date de l'inscription, il arrivera souvent qu'un créancier sera colloqué à divers rangs d'hypothèque pour une même créance et dans un même jugement d'ordre. Car on peut saisir et vendre simultanément tous les immeubles que possède un débiteur dans un même département (*Voyez la loi* 2ᵉ., *article* 10.). Or dans un département il y a plusieurs bureaux (*Voyez la loi du* 21 *ventôse an* 7). Il peut donc y avoir des inscriptions de différentes dates.

(2) Il est inutile d'exprimer si l'inscription est faite avant ou après midi, puisque le jour décide du rang, et non l'heure (*Voyez l'article* 14, n°. 4°.). Mais il est essentiel de constater le jour, puisque la date de l'inscription donne le rang à l'hypothèque.

(3) Ou celui à la puissance et autorité de qui le créancier est soumis ; tels que les tuteurs à l'égard des mineurs, et les maris à l'égard de leurs femmes. Ce qui n'ôte pas, soit au mineur, soit à la femme, ou autre administré, la faculté d'agir eux-mêmes en personne, et de pourvoir à la sûreté de leurs droits qu'oublieroient peut-être ceux qui en sont chargés : car ce qui a été établi en leur faveur ne doit pas tourner à leur préjudice ; et s'ils ont été mis sous la surveillance d'un protecteur, c'est de crainte qu'ils ne manquent de soin : mais non pour les empêcher d'en avoir. Il est bon de remarquer que pour les droits paraphernaux la femme doit paroître en nom, le mari n'étant chargé que de la dot.

(4) Le ministère d'huissier n'est donc pas requis, comme il l'étoit pour les oppositions aux lettres de ratification.

C

par lui-même, soit par un tiers (1), l'original en brevet, ou une expédition (2) du titre, pour toutes hypothèques autres que celles légales (3), et y joint deux bordereaux écrits sur papier timbré, dont l'un peut être porté (4) sur l'expédition du titre. Ils contiennent (5),

1°. Les nom, prénom, profession et domicile du créancier, et élection de domicile pour lui dans l'étendue du bureau où l'inscription est faite (6);

2°. Les nom, prénom, profession et domicile du débiteur, ou une désignation individuelle et spéciale, assez précise pour que le conservateur des hypothèques puisse reconnoître et distinguer dans tous les cas l'individu grevé (7);

-----

(1) La loi n'exige pas que ce tiers soit muni d'un acte de procuration et qu'il en justifie : chacun peut consulter sa sagesse là-dessus.

(2) Est-il besoin d'une expédition tout au long ? Je ne le pense pas, et un extrait qui fait assez connoitre les parties et la créance, ainsi que l'époque où elle a été créée, me paroit suffire : car ce n'est ici qu'une formalité conservative et non une procédure exécutoire.

(3) La raison d'exception pour les hypothèques légales, est que pour ces créances il n'y a point de titre, ou s'il y en a il est superflu. Mais si l'hypothèque légale a été étendue par un titre, on doit le produire.

(4) Mais il peut ne pas l'être; c'est une pure faveur.

(5) Voyez le modèle (liv. 6.).

(6) La loi n'a pas voulu gêner le créancier jusqu'à exiger qu'il élût domicile dans la commune où le bureau est fixé. Mais au surplus je pense que celui qui est naturellement domicilié dans le ressort, n'est pas exempt pour cela de la déclaration de domicile : car la disposition de la loi qui ne fait aucune distinction, a pu avoir pour but de prévenir toutes chicanes au sujet de ce domicile, qu'on pourroit quelquefois contester si la désignation n'étoit expresse.

(7) Cette dernière disposition s'applique aux cas où il seroit souvent difficile de connoitre les vrais noms, prénoms, etc. du débiteur; par exemple, dans une hypothèque légale.

3°. La date du titre, ou, à défaut de titre, l'époque à laquelle l'hypothèque a pris naissance (1) ;

4°. Le montant des capitaux et accessoires (2), et l'époque de leur exigibilité (3) ;

5°. L'indication de l'espèce et de la situation des biens sur lesquels il entend conserver son hypothèque ou privilége (4).

---

(1) Lorsqu'il existe un titre, la connoissance de la date en est essentielle, parce qu'elle détermine quels biens peuvent être grevés (*Voyez l'article 4, ci-dessus.*). Et si l'hypothèque est légale, il peut encore devenir utile d'indiquer l'époque où elle a commencé; savoir, lorsqu'elle est indéterminée; mais la loi est générale (*Voyez l'article 21.*).

(2) Il n'existera plus de créance hypothécaire indéfinie, que pour les exceptions énoncées en l'article 21; ce qui fait naître une difficulté importante pour les cas d'inscription en garantie d'une convention : car comment fixer des dommages-intérêts pour une inexécution qu'on ignore tout-à-fait dans quelles circonstances elle peut avoir lieu, et quel tort elle peut causer?... Le parti qu'il y a, je crois, à prendre, pour prévenir cet embarras, est de fixer à forfait dans l'acte, une ou plusieurs sommes pour tenir lieu de toute indemnité.

Au reste sur les accessoires, *voyez l'article* 19.

(3) Lorsque cette époque est connue; que si elle est incertaine, on l'indique autant que possible et par approximation.

(4) Cette indication se fait pièce à pièce et par tenans et aboutissans, lors même qu'il est question d'un corps de domaine: sinon il est évident qu'elle seroit insuffisante dans le cas de l'aliénation subséquente d'une pièce détachée de ce domaine; or elle doit suffire pour tous les cas.

Je n'ignore pas que le rapporteur de la commission des cinq-cents a avancé, en répondant à certaines objections, qu'à l'égard même des héritages détachés, la désignation la plus générale étoit suffisante: par exemple, *J'hypothèque tous les biens que je possède dans telle commune, consistant en prés, vignes et bois.*

Mais j'observe, ainsi qu'on l'a fait sur autres matières

C 2

Cette dernière disposition n'est point applicable aux hypothèques légales, ni à celles résultant d'un jugement; leurs inscriptions sont faites sans qu'il soit besoin de désignation des biens grevés (1).

---

au conseil des anciens, le 18 pluviôse an 7; *que nous devons consulter la disposition de la loi qui est l'ouvrage du corps législatif entier, et non le commentaire de quelques membres, qui n'est souvent qu'une opinion solitaire :* or la loi exige évidemment une désignation par tenans et aboutissans, ou autre équivalente : car 1°. Celle-là seule fait véritablement connoitre la situation d'un héritage. 2°. La disposition de la loi seroit arbitraire, et si l'on pouvoit dire avec le rapporteur de la commission, qu'il suffit de désigner la commune, pourquoi ne suffiroit-il pas d'indiquer le canton ? la loi ne détermine pas plus l'un que l'autre. 3°. La loi veut que l'indication soit précise, puisqu'elle ordonne de désigner même l'espèce ; car peu importe aux créanciers ou acquéreurs postérieurs la désignation de la nature de l'héritage hypothéqué, si ce n'est qu'elle leur fasse discerner quel est précisément l'objet grevé. 4°. Cette indication a évidemment pour but d'épargner aux créanciers, ou acquéreurs postérieurs, de pénibles recherches pour s'assurer si, non seulement tel ou tel domaine en masse, mais encore tel ou tel héritage en particulier, n'est pas grevé : son but ne seroit donc point atteint ; sur-tout lorsque l'objet grevé auroit été vendu et revendu plusieurs fois d'un propriétaire à l'autre, sans avoir été purgé d'hypothèques. Car on auroit à savoir non-seulement s'il a été possédé par un tel ; mais s'il l'a été au moment où ce tel a contracté hypothèque. 5°. L'hypothèque conventionnelle n'auroit donc aucun avantage à cet égard sur les hypothèques judiciaire ou légale ; puisque dans ces dernières on n'a autre chose à rechercher, si ce n'est que l'héritage grevé appartenoit à tel homme dans telle circonstance ; et qu'au surplus il est permis dans l'hypothèque conventionnelle comme dans les autres, de grever tous les biens présens et actuels. La loi n'auroit donc imposé de plus pour cette espèce, qu'une formalité inutile.

(1) Nous avons dit dans l'analyse que dans ces cas la désignation seroit souvent impossible.

Les inscriptions à faire sur les biens d'une personne décédée, pourront l'être sur la simple dénomination du défunt.

Le requérant sera tenu de déclarer la somme en numéraire à laquelle il évalue les rentes et prestations pour lesquelles il s'inscrit (1).

XVIII. Le conservateur fait mention sur un registre, du contenu aux bordereaux (2), et remet au requérant tant l'expédition du titre, que l'un des bordereaux, au pied duquel il certifie avoir fait l'inscription.

XIX. Le créancier inscrit pour un capital produisant des intérêts (3), a droit de venir, pour deux années d'arrérages (4), au même rang d'hypothèque que pour son capital (5).

---

(1) Ceci prouve jusqu'à quel point on doit préciser une hypothèque, afin que le débiteur ne paroisse ni plus ni moins grevé qu'il n'est.

(2) Il n'est donc pas tenu précisément à les transcrire en entier : mais la mention doit être claire et exacte.

(3) Soit à titre de rente, ou de simple prêt.

(4) Mais pour tous autres accessoires, que les intérêts d'un capital qui en produit, le créancier est colloqué pour le tout au même rang de l'objet principal. Cette décision, qui est conforme aux règles, n'est pas contredite par la nouvelle loi ; elle peut au contraire s'inférer de l'article 17, n°. 4, ci-dessus ; et de l'article 35 de la 2ᵉ. loi : ainsi, par exemple, les prestations d'une rente foncière ne sont pas réductibles aux deux dernières années, pour l'hypothèque.

(5) Mais pour les autres années le créancier viendra-t-il par ordre d'hypothèque en un rang quelconque ? non : car, 1°. Quand on alloue deux années d'arrérages cela s'entend des deux dernières, et il seroit absurde que les précédentes vinssent en un rang inférieur. 2°. Quel seroit ce rang que la loi n'a nullement fixé ? 3°. Les mêmes motifs qui empêchent d'allouer les intérêts au rang du capital, empêchent aussi de les allouer en un rang inférieur ; et je pense que le principal de ces motifs est d'em-

C 5

XX. Il est loisible à celui qui a requis l'inscription, ainsi qu'à ses héritiers et cessionnaires, de changer par déclaration sur le registre des hypothèques, le domicile élu, à la charge d'en indiquer un autre dans l'étendue du bureau (1).

Les actions auxquelles les inscriptions donneront lieu contre le créancier, seront intentées par exploits faits à sa personne (2), ou à son dernier domicile indiqué par le registre ; et ce, nonobstant le décès du créancier et de celui chez lequel ce domicile auroit été élu.

XXI. Tout droit d'hypothèque légale ou convention-nelle,

1°. Au profit de la nation sur les comptables de deniers publics pour raison de leur gestion, et sur leurs cautions à l'égard des biens servant de cautionnement ;

2°. Au profit des mineurs, des interdits et des absens, sur leurs tuteurs, curateurs et administrateurs (3), aussi pour raison de leur gestion ;

---

pêcher l'accumulation de ces intérêts souvent défavorables et presque toujours ruineux.

Mais on peut venir par contribution avec les créanciers non-hypothécaires, s'il y a des deniers de reste, après que toutes les hypothèques utiles sont remplies ; car la disposition du présent article étant contraire à la règle commune, ne doit pas être étendue d'un cas à un autre ; d'ailleurs il n'est ici question que de priorité d'hypothèque.

Au surplus le créancier prendroit inutilement un titre et une inscription particulière pour l'excédent des deux années d'arrérages ; parce que la prohibition de la loi ne doit pas être vaine et illusoire.

(1) Sinon cette révocation du premier domicile seroit nulle, et il continueroit toujours.

(2) C'est une maxime universelle, que toute signification faite *à personne*, fait cesser l'obligation de signifier au domicile, soit naturel, soit élu : la raison en est claire et superflue à dire.

(3) La dénomination *d'administrateurs*, est un terme de généralisation : elle ne s'applique qu'à ceux qui ont

3°. Des époux, pour raison de leurs conventions et droits matrimoniaux éventuels, qui ne seroient encore ni ouverts (1), ni déterminés,

Sera, nonobstant les dispositions de l'article XVII, inscrit, sur la simple représentation de deux bordereaux contenant (2),

1°. Les nom, prénom, profession et domicile du requérant, ainsi que le domicile par lui ou pour lui élu dans l'étendue du bureau où l'inscription sera requise;

2°. Les nom, prénom, profession et domicile du débiteur, ou une désignation suffisante, telle qu'elle est indiquée par l'article XVII;

3°. La nature du droit qu'il s'agit de conserver, l'époque où il a pris naissance (3), sans être tenu d'en déterminer le montant.

Ces inscriptions seront reçues sans aucune avance des salaires du conservateur, et sauf son recours contre le grevé (4).

___

géré les affaires, ou concouru à leur gestion, à titre universel; mais non à ceux qui ne se sont immiscés que dans quelque affaire particulière.

(1) On est donc tenu de s'inscrire pour les droits non ouverts : et par ce moyen se trouve abolie la fameuse exception que faisoit l'édit de 1771, en faveur du douaire et de la substitution d'une somme de deniers; pour lesquels on n'étoit pas tenu de former opposition sur le débiteur pour conserver l'hypothèque : elle se conservoit d'elle-même, et ne pouvoit être purgée jusqu'à l'ouverture de ces droits. Mais aujourd'hui toute exception est détruite, à raison de ce que d'un côté il n'y a pas d'hypothèque sans inscription, et que d'un autre côté cette inscription tient lieu de l'ancienne opposition conservatoire; c'est-à-dire, qu'elle exempte de toute autre démarche.

(2) Mais s'ils sont déjà ouverts ou déterminés, ils suivent la commune règle.

(3) Cette époque peut contribuer à faire présumer plus ou moins grande l'hypothèque indéfinie.

(4) Car ces frais retombent toujours sur le grevé, à la seule exception des tuteurs ou curateurs (*Voyez l'article*

C 4

XXII. Les commissaires du directoire exécutif près les administrations centrales de département, requerront d'office les inscriptions indéfinies sur les comptables publics, et sur leurs cautions, à l'égard des biens servant de cautionnemens.

A l'égard des inscriptions sur les tuteurs et curateurs, le subrogé-tuteur et les parens ou amis qui concourront à la nomination (1), sont tenus, chacun individuellement et sur leur responsabilité solidaire, de les requérir, ou de veiller à ce qu'elles soient faites en temps utile, à la diligence de l'un d'eux (2).

Celles au profit des époux mineurs, pour raison de leurs conventions et droits matrimoniaux, seront requises par

---

24.) Au surplus on comprend sous le titre de *salaires du conservateur*, tous les émolumens qui se perçoivent au bureau. (*Voyez le tarif ci-après.*)

(1) *Qui concourront à la nomination* DU SUBROGÉ-TUTEUR; et s'il n'a pas été nommé de subrogé-tuteur, ceux qui ont procédé à la nomination du tuteur ou curateur. Cette interprétation est fondée sur l'article 41 ci-après : car les parens qui avoient déféré la tutelle avant la loi, ne doivent pas être de pire condition que ceux qui n'y ont procédé que depuis, et qui ont été prévenus des charges qu'elle impose.

Mais s'il n'y a eu ni tuteur, ni curateur de nommé? La loi est muette sur ce cas ; mais il me semble qu'à en prendre l'esprit on ne doit pas hésiter de rendre les proches parens responsables des inscriptions à prendre contre un protuteur : car 1°. Ceux qui ont négligé de nommer un tuteur ne sont pas plus favorables que ceux qui ont rempli ce devoir. 2°. Quoique les peines d'exhérédation prononcées par le droit romain contre les parens en pareil cas, ne soient point d'un usage général parmi nous, il n'est pas douteux, qu'ils ne soient au moins tenus des dommages-intérêts résultant de leur négligence; autrement leur obligation seroit vaine, la loi impuissante, et les mineurs sans appui ni espoir, (*V. Mazuer de tut. et cur. n°.19.*)

(2) Nous n'avons pas besoin de répéter ici, que les mineurs peuvent agir par eux-mêmes en personne. (*V. l'art.* 17, *not.* I.ᵉ) Et s'ils le font tous les autres sont déchargés.

les père, mère et tuteur sous l'autorité desquels les mineurs contracteront mariage, sous peine aussi par ceux-ci de répondre du préjudice qui en résulteroit.

En cas de retard (1), les inscriptions mentionnées au présent article seront requises par le commissaire du directoire exécutif près les administrations municipales (2).

XXIII. Les inscriptions conservent l'hypothèque et le privilége pendant dix années à compter du jour de leur date : leur effet cesse, si ces inscriptions n'ont été renouvelées avant l'expiration de ce délai (3).

Néanmoins leur effet subsiste, savoir, sur les comptables publics et privés dénommés en l'article XXI, et sur les cautions des comptables publics, jusqu'à l'appurement définitif des comptes, et six mois au-delà ; et sur les époux, pour tous leurs droits et conventions de mariage, soit déterminés, soit éventuels, pendant tout le temps du mariage, et une année après.

XXIV. Les frais des inscriptions sont à la charge du débiteur, s'il n'y a eu stipulation contraire (4).

_____

(1) La loi auroit dû régler dans quel délai il y a retard : une disposition vague est illusoire.

(2) Avant de quitter cet article observons que quoique l'épouse mineure soit devenue majeure, ceux qui étoient chargés de requérir pour elle l'inscription contre le mari, n'en sont pas libérés. Sa majorité ne la tire pas de la dépendance maritale, et il seroit à craindre que le mari n'abusât de son autorité. Mais lorsque la femme est majeure avant le mariage, c'est à elle seule à prendre ses précautions avant d'être liée.

(3) Mais on peut prendre une nouvelle inscription ; à dater seulement de laquelle l'hypothèque a lieu.

(4) Non seulement un débiteur peut stipuler que ces frais seront à la charge du créancier, mais encore que ce dernier ne pourra prendre aucune inscription. Cela est plus clair que le jour. Par la même raison un débiteur qui vend peut défendre à l'acquéreur de purger les hypothèques ; et je ne sais comment certains auteurs ont pu faire difficulté d'une question pareille sur l'édit de 1771 ; au reste les gens difficiles peuvent voir ce qu'en a solidement écrit *Grenier* dans son commentaire. (2e: *édition*, *pages* 25, 26, 27 *et* 28.)

Les tuteurs et curateurs des mineurs, des interdits et des absens, peuvent employer en dépense dans le compte de leur gestion, les frais qu'ils auront payés pour celles faites sur eux à l'effet de conserver les hypothèques indéfinies des administrés (1).

CHAPITRE VII.

De la radiation des inscriptions.

XXV. Les inscriptions sont radiées sur la justification du consentement des parties intéressées, ou du jugement exécutoire qui l'auroit ordonné (2).

---

(1) Les tuteurs et curateurs sont exceptés de la règle qui met tous les frais d'inscription à la charge du grevé ; parce qu'ils exercent un office de pure bienfaisance, et qu'un ministère gratuit ne doit pas leur causer encore des frais ; *quippe sit iniquum, damnosum cuique esse officium suum.* (*ff. lib.* 29., *tit.* 5, *lege* 7, *sed si quis.*)

(2) Tout le monde sait qu'un jugement exécutoire est celui dont il n'y a point d'appel, soit qu'il ait été rendu en dernier ressort, soit que les parties y aient acquiescé, soit que l'appel ait prescrit, soit que la péremption en ait été prononcée, soit même enfin que le condamné demeure seulement en retard, après les huit jours de la signification, d'user pendant les trois mois, de la faculté de l'appel : mais au dernier cas le jugement cesse d'être exécutoire sitôt que le condamné purge sa négligence, tandis qu'il est dans le délai des trois mois.

Appliquez ces principes aux cas de l'opposition sur défaut.

Mais que décider s'il est intervenu demande en cassation ou en requête civile? Je réponds que si le conservateur en a une connoissance légale, il ne peut procéder à la radiation : car quoique ces demandes ne suspendent point en général l'exécution d'un jugement, elles doivent avoir cet effet toutes les fois que le grief de l'exécution deviendroit irréparable ; sinon la faculté de se pourvoir par la voie de cassation ou de requête civile seroit alors illusoire. Or il est évident qu'au moyen d'une revente que l'on feroit

Dans l'un et l'autre cas, ceux qui requièrent la radiation sont tenus de déposer au bureau de la conservation des hypothèques, l'expédition de l'acte authentique (1) du consentement, ou celle du jugement.

TITRE II.

Du mode de consolider et purger les expropriations. (2).

XXVI. Les actes translatifs de biens et droits suscepti-

---

exprès pendant la radiation, il seroit facile de purger irrévocablement l'hypothèque au préjudice du créancier : mais si le préposé aux hypothèques n'est pas légalement prévenu, il peut et doit passer outre à la radiation ; à moins qu'il n'y parût une mauvaise foi manifeste ; car les lois ne sont pas faites pour protéger la fraude et le dol.

(1) Un acte non authentique ne fait pas foi aux yeux d'un officier public à cause du danger de falsification ou de surprise, et ne garantiroit pas le conservateur de la responsabilité ; sauf à lui à se faire céder les droits et actions du créancier contre le débiteur de mauvaise foi à qui il se seroit laissé surprendre.

Cette radiation peut être requise par un tiers au nom du grevé, sans qu'il soit tenu de justifier de procuration : car c'est une maxime générale qu'on n'a pas besoin de pouvoir pour décharger quelqu'un d'une obligation et qu'on a droit de rendre meilleure la condition d'autrui. *Solvendo quisque pro alio, licèt invito et ignorante, liberat eum : naturalis enim, simùl et civilis, ratio suasit alienam conditionem meliorem, etiam ignorantis et inviti, nos facere posse* (*ff. lib.* 3, *tit.* 5, *l.* 39. *solvendo.*).

(2) Jusqu'ici la loi a réglé la manière dont s'établiront désormais les hypothèques ; elle va déterminer dans ce titre les formalités pour les purger. Ces formalités qui ont succédé à celles de l'édit de 1771, n'excluent pas plus que ces dernières, le droit de purification tacite par la voie de la prescription de 10 ou 20 ans avec titre et bonne foi. La publicité de l'inscription n'induit pas plus une présomption de mauvaise foi que ne faisoit la publi-

bles d'hypothèque, doivent être transcrits (1) sur les registres du bureau de la conservation des hypothèques dans l'arrondissement duquel les biens sont situés.

Jusque-là ils ne peuvent être opposés aux tiers qui auroient contracté (2) avec le vendeur (3), et qui se seroient conformés aux dispositions de la présente (4).

---

cité des oppositions aux anciens bureaux d'hypothèques. Ainsi aujourd'hui comme jadis, l'acquéreur qui aura joui paisiblement pendant 10 ou 20 ans, sera libéré de plein droit de toutes hypothèques, sans aucune formalité. Je ne pense pas même que la transcription préalable de son titre soit nécessaire ; puisqu'elle n'est requise que pour user des formalités prescrites par la loi, ou pour empêcher que le vendeur ne constitue de nouvelles hypothèques sur l'objet aliéné. La tradition réelle est donc suffisante avec le titre. (*Voyez l'article suivant, not.* 4.)

(1) A telle époque qu'il plaira à l'acquéreur, puisque la loi ne limite aucun terme. La transcription a deux fins ; 1°. De lier les mains au vendeur. 2°. De servir à purger les hypothèques antérieures, ainsi que le tout va être expliqué.

(2) De bonne foi ; *neque malitiis indulgendum est.* (*ff. lib.* 6, *tit.* 1, *leg.* 58, *in fundo.*)

(3) Postérieurement à l'aliénation : sauf le recours en indemnité, contre le vendeur perfide.

(4) Mais s'ils ne s'y sont pas conformés, le premier contractant a le même vice à leur opposer qu'ils lui reprochent à lui-même, savoir, d'être sans qualité légale. On peut faire une question ; savoir, si la transcription prescrite par cet article a seulement pour objet les hypothèques, ou si elle est encore établie pour tenir lieu de possession réelle et pour déterminer quel est celui, de deux ou plusieurs acquéreurs successifs, qui est nanti le premier, et qui ayant droit dans la chose, *jus in re*, exclut tous les autres qui n'ont droit que pour la chose, *jus ad rem*. Il ne paroit pas que le législateur ait eu en vue autre chose que les hypothèques: le titre de la loi, ainsi que sa teneur entière, le font assez sentir. Nous ne devons pas supposer que la loi soit passée, *ex abrupto*,

XXVII. Le conservateur des hypothèques certifie, au bas de l'expédition (1) qu'il rend à l'acquéreur, la transcription qu'il en a faite (2).

XXVIII. La transcription prescrite par l'art. XXVI, transmet à l'acquéreur (3) les droits que le vendeur avoit à la propriété de l'immeuble (4), mais avec les dettes et hypothèques dont cet immeuble est grevé (5).

XXIX. Lorsque le titre de mutation constate qu'il est

---

d'une matière à l'autre, et qu'elle ait confondu des objets tout disparates ; elle deviendroit captieuse. Ainsi quoique le défaut de transcription conserve aux vendeurs la faculté d'hypothéquer validement, il ne l'autorise pas à changer de main une possession qu'il n'auroit plus : celui qui s'est donc mis le premier en possession réelle, y demeure, qu'il ait, ou non, fait transcrire son titre. Sauf à ceux qui ont un acte antérieur, d'exercer ou leur droit de priorité d'hypothèque contre lui, ou l'action personnelle d'indemnité contre le vendeur stellionataire.

Et certes s'il n'existoit plus de possession réelle sans la transcription, il n'y auroit plus de prescription sans titre, et les prescriptions trentenaire, quarantenaire, centenaire et immémoriale, seroient abolies.

(1) L'acte de mutation doit donc être au moins notarié ; p.. e qu'il n'y a d'*expédition* que d'un acte public et authentique. Il doit aussi porter minute par le même motif : d'ailleurs c'est un ancien principe, que les notaires gardent minute de tous les actes translatifs de propriété d'héritages.

(2) En entier : car la transcription servant à rendre l'acte connu au public; chaque partie peut en être importante, sinon à tous, du moins à quelqu'un.

(3) A l'encontre des tiers créanciers postérieurs. Mais quant au vendeur, cette transmission peut être parfaite sans le secours d'une formalité, dont l'usage est établi pour les tiers et non pour lui (*V. art.* 26 , *note* 4.).

(4) De pouvoir le grever.

(5) Car on ne peut céder plus de droit qu'on n'en a. *Res transit cum onere quo affecta est.*

dû au précédent propriétaire (1) ou à ses ayans cause, soit la totalité ou partie du prix, soit des prestations (2) qui en tiennent lieu, la transcription conserve à ceux-ci le droit de préférence sur les biens aliénés (3), à l'effet de quoi, le conservateur des hypothèques fait (4) inscription sur ses registres, des créances non encore inscrites qui en résulteroient, sans préjudice néanmoins du privilége accordé par l'article XII (5).

_____

(1) Antérieur au vendeur, puisque celui-ci ne peut pas lutter contre ses créanciers, ou autres plus anciens.

(2) Lesquelles prestations doivent être évaluées en deniers. (*Voyez art.* 17, *alinea dern.*).

(3) Ainsi quand le vendeur est alors assuré que l'acquéreur effectuera la transcription, il peut se dispenser d'inscrire cette créance. Que si l'acquéreur ne fait pas transcrire son acte, le vendeur est sujet à user de la voie commune de l'inscription, pour conserver ses droits sur l'immeuble qui seroit revendu, soit volontairement par l'acquéreur, soit en vertu d'action hypothécaire, ou autrement.

J'a dit, *en vertu d'action hypothécaire;* car la nouvelle loi n'a point aboli ces sortes d'actions; et si un acquéreur étoit négligent à user du moyen que lui offre l'art. suivant, pour purger l'immeuble acquis, et pour donner lieu aux créanciers de faire valoir leurs droits, on ne seroit pas tenu d'attendre sa bonne volonté, qui peut-être viendroit tard; mais les créanciers sont en droit de le forcer, aujourd'hui comme jadis, ou à remplir leur créance, ou à se désister de l'immeuble, pour le laisser vendre judiciairement, au profit des premiers en ordre. Et c'est en quoi consiste l'action hypothécaire.

Notez en passant, que dans toute la ci-devant Auvergne, on n'est tenu, dans l'action hypothécaire, à aucune discussion ou ordre de droit, suivant les art. 2 et 3 du tit. 24 de la coutume, admis même dans la partie de droit écrit.

(4) *D'office,* et sans en être requis. Mais il faut que les prestations qui ne sont point en deniers, y aient été réduites auparavant, pour pouvoir être inscrites (*Voyez l'article* 17, *alinea dernier*) : autrement ce seroit une espèce d'hypothèque indéfinie, contraire aux nouveaux principes.

(5) Cette faveur est-elle particulière au précédent proprié-

XXX. Si le prix exprimé dans le contrat est insuffi-
sant (1) pour acquitter toutes les charges et hypothèques (2), l'acquéreur, pour se dispenser d'en payer l'in-

---

taire et à ses ayans cause, et ne faut-il pas l'étendre aux
créanciers délégués par le contrat ?

C'étoit une dispute célèbre sous le régime de l'édit de 1771,
de savoir si les créanciers délégués étoient exempts de former
opposition. Le ci-devant parlement de Paris avoit avec raison
décidé qu'ils n'y étoient pas sujets; car l'opposition n'étoit
établie qu'en faveur de l'acquéreur, lequel l'exigeoit, 1°.
Pour connoître les créanciers. 2°. Pour avoir le loisir d'exa-
miner leurs droits, et de traiter avec eux ou le vendeur, afin
d'empêcher la revente. 3°. Pour savoir s'il devoit, dans tous
les cas, laisser ouvrir les enchères, ou se charger de toutes
les dettes. Or la délégation satisfaisoit à tous ces points.

Mais quoique l'inscription remplace aujourd'hui l'opposition pour la conservation des hypothèques, il n'y a pas de
doute à décider le contraire, et à confondre les créanciers
délégués, avec tous autres; car il y a cette différence essentielle, que l'inscription est autant, et même plus, pour l'avantage des autres créanciers, que pour celui de l'acquéreur;
puisque ce n'est que par elle que se constitue l'hypothèque.
D'ailleurs la règle générale est que chaque créancier est tenu
de s'inscrire; et la dérogation à une règle ne s'étend jamais
d'un cas à un autre.

Cette difficulté au reste peut rarement s'élever; attendu
que non seulement l'inscription établit l'hypothèque, ainsi
qu'on vient de le dire; mais sa date en règle encore la priorité. Il n'est donc pas vraisemblable qu'un créancier qui
d'ordinaire n'attend pas ce dernier moment, s'abandonne
encore là-dessus à la bonne foi de l'acquéreur ou du vendeur,
de chacun desquels il dépend de constituer de nouvelles
hypothèques, jusques à la transcription. Mais le donneur de
fonds n'a pas un pareil danger à craindre, puisqu'il est créancier privilégié, et que la priorité des priviléges se règle par
la nature de la créance, et non par l'ancienneté de l'hypothèque.

(1) Ou pourroit l'être : en un mot si l'acquéreur a des
craintes.

(2) S'il y en a : mais si au jour de la transcription, il

tégralité (1), et se garantir de l'effet des poursuites autorisées par l'article XIV (2), est tenu de notifier, dans le
mois (3) de la transcription de l'acte de mutation, aux
créanciers (4), aux domiciles par eux élus (5),

1°. Son contrat d'acquisition ;

2°. Le certificat de transcription qu'il en a requis ;

3°. L'état des charges et hypothèques dont est grevée
la propriété, avec déclaration qu'il acquittera sur le
champ celles échues et celles à échoir, dans les mêmes
termes et de la même manière qu'elles ont été constituées,
mais le tout jusqu'à concurrence seulement du prix stipulé
dans son acte. (6).

---

n'existe aucune inscription, et que l'acquéreur retire un
certificat du préposé, qui le constate, l'immeuble est franc
et libre ; et ce quand même le certificat seroit erroné ou
frauduleux (*Voyez l'art.* 53.).

(1) *L'intégralité* des hypothèques, et non du prix. (*Mais
voyez la note dernière sur le présent article*).

(2) C'est-à-dire, de la dépossession et revente par action
hypothécaire.

(3) Ce délai expiré, les créanciers auroient droit de faire
revendre l'immeuble par simple action hypothécaire, et sans
se soumettre à augmenter le prix d'un vingtième, à quoi ils
sont astreints par l'art. 31 qui suit.

(4) S'il y en a d'inscrits avant la transcription : car cette
dernière formalité empêche toute constitution ultérieure
d'hypothèque, pour fait du vendeur ou ses auteurs, et par-
là même, toute nouvelle inscription (*Voyez l'article* 28.).

(5) Ou à leurs personnes, s'ils sont trouvés plus près. Cette
notification se fait par un exploit ordinaire, avec copie
des trois pièces suivantes. 1°. Le contrat d'acquisition. 2°.
Le certificat de transcription. 3°. L'état des hypothèques.

(6) Mais si par une confiance aveugle ou par surprise,
il en a payé une partie ; alors il n'est tenu d'offrir que le
surplus, dont il est reliquataire. Cette restriction se sup-
plée dans la loi, qui n'a fait attention qu'aux cas ordinaires. Car 1°. A quel titre l'acquéreur seroit-il obligé de

XXXI.

XXXI. Lorsque l'acquéreur a fait cette notification dans le délai prescrit, tout créancier dont les titres ont été inscrits (1), peut requérir la mise aux enchères et adjudication publique (2) de l'immeuble, à la charge, 1°. de le déclarer à l'acquéreur dans le mois (3) de la notification par lui faite; 2°. de se soumettre de porter ou

payer deux fois, sans aucune loi formelle qui l'y assujétisse? 2°. De même que la stipulation du prix entre l'acquéreur et le vendeur, ne nuit point aux tiers intéressés, elle ne doit pas non plus leur profiter, et leur créer un droit incommutable à ce prix, pour les autoriser à le revendiquer, lors même qu'il seroit acquitté. 3°. Les créanciers ont la voie des enchères, si le restant du prix qui ne les satisfait pas est inférieur à l'objet: Et s'il n'est pas inférieur ils n'ont point à se plaindre avec justice.

Nous avons déjà observé sur l'article 24, qu'un acquéreur qui a renoncé à la faculté de purger les hypothèques n'en a plus le droit, un chacun étant maître de renoncer à un droit établi en sa faveur. Mais au surplus il renonceroit en vain à la faculté de s'affranchir des charges rachetables : car cette faculté est aujourd'hui de droit public, auquel aucun particulier ne peut déroger.

Il est également permis de stipuler que la transcription sera ou ne sera pas faite dans tel délai : car c'est la même chose que s'il étoit dit qu'on s'en mettra ou ne s'en mettra pas en possession avant tel temps; chose très-licite : mais il ne seroit pas valide de convenir que le vendeur ne sera pas garant des hypothèques dont il est maître de grever l'immeuble, jusqu'à la transcription, au mépris de la vente ; ce seroit l'inviter à la perfidie par l'espoir de l'impunité.

(1) Ou sont exempts de l'inscription (*Voyez l'article* 11) : ceux-ci ont intérêt comme les autres d'être payés en entier, et de faire augmenter le prix, s'il est trop foible ; la loi ne leur a point accordé une faveur préjudiciable.

(2) Dans la même forme que dans les ventes forcées, puisque celle-là devient effectivement telle.

(3) Ce délai est fatal. Le jour de la notification faite par l'acquéreur ne se compte pas ; puisque la loi dit, *dans le mois de la notification :* mais celui de la déclaration y est compris ; car il est dit, *dans le mois.*

D

faire porter le prix au moins à un vingtième (1) en sus de celui stipulé dans le contrat (2).

Cette réquisition est signifiée tant à l'acquéreur qu'au vendeur (3), par exploit dont l'original ainsi que les copies seront signés du créancier, ou de son fondé de pouvoir, lequel, en ce cas, sera tenu de donner copie de sa procuration (4) : le tout à peine de nullité.

XXXII. Faute de la déclaration et soumission dans ledit délai, la valeur de l'immeuble demeure fixée définitivement au prix stipulé par le contrat d'acquisition, et l'acquéreur sera en conséquence libéré de toutes charges et hypothèques, en payant ledit prix aux créanciers qui seront en ordre (5) de le recevoir (6).

_____

(1) Mais les enchères subséquentes ne sont conscrites à aucune quote-part du prix : il suffit qu'elles s'élèvent à vingt-cinq francs, ou à cinq francs, selon que le prix du contrat réuni à la première mise à prix, est au-dessus ou au dessous de 2000 francs. (*Voyez la loi* 2e *, article* 16.)

(2) La loi ne dit pas qu'on doive fournir une caution ; ainsi elle n'est pas due : mais celui qui manque à sa parole est condamné à tous les frais, et en outre à une peine pécuniaire égale au montant de l'enchère, qu'il a offerte en sus du prix du contrat. (*Voyez la loi* 2e *, article* 18.) Sans préjudice assurément de plus grands dommages-intérêts, s'ils sont établis.

(3) *Au vendeur:* pour épargner à l'acquéreur de nouveaux frais d'une dénonciation. Mais cette signification ne tient pas lieu de commandement pour procéder aux affiches. (*Voyez la loi suivante, article* 3.)

(4) La raison en est, qu'autrement on se joueroit d'un acquéreur par des réquisitions qui seroient ensuite désavouées.

(5) Sur l'ordre et distribution du prix, *voyez la loi* 2e. *article* 31 , *etc.*

(6) La loi fait ici une omission essentielle, et manque d'établir comment seront purgées les créances non sujettes à l'inscription (*Voyez ce que nous avons dit sur l'article* 11 . *page* 27.).

XXXIII. En cas de revente sur enchères (1), elle a lieu suivant les formes déterminées pour les expropria-

---

(1) Nous avons établi sur l'article 30, qu'un acquéreur, en offrant le prix aux créanciers, n'étoit obligé de leur tenir compte que de ce dont il étoit reliquataire ; au moyen de quoi nous avons évité une question, savoir, si l'acquéreur doit prendre une inscription pour recouvrer ce qu'il auroit déjà payé du prix de son acquisition. Mais la difficulté se présente ici à résoudre : car la revente anéantissant la première aliénation qui est regardée comme non avenue, les payemens déjà faits qui en étoient la suite et l'exécution, doivent aussi être annullés et révoqués, comme faits sans cause. Il faut donc déterminer si pour leur recouvrement l'acquéreur a intérêt de prendre une inscription.

Pour répondre clairement il convient de faire là-dessus plusieurs distinctions, et il faut considérer, 1°. Si l'acquéreur a payé au vendeur lui-même ou à ses créanciers. 2°. Si en payant aux créanciers, il est ou n'est pas demeuré subrogé à leurs droits. 3°. Enfin si ces créanciers avoient ou n'avoient pas obtenu eux-mêmes l'inscription.

De tous ces divers cas le seul où l'acquéreur doive se dispenser de requérir l'inscription, est celui où il est subrogé à d'anciens créanciers qui en ont déjà pris une : et encore faut-il qu'il n'ait rien de plus à prétendre, que ceux qu'il a satisfaits. Dans tout autre cas il doit s'inscrire.

On objectera que toutes les fois que la créance authentique de l'acquéreur ne remonte pas au delà de l'époque de son acquisition, soit par subrogation, soit autrement, l'inscription est superflue ; parce qu'on ne sauroit hypothéquer, ni ce qu'un débiteur n'a plus, ni ce qu'on possède soi-même. Mais la réponse est prompte : il est faux de supposer que l'immeu en'appartienne plus au débiteur depuis le moment de l'aliénation : car par la revente le contrat est censé résolu faute d'exécution, et l'immeuble n'avoir point été aliéné. D'où vient que ces deux ventes ne sont comptées que pour une seule, d'après les anciens principes non abolis.

On voit par cet exposé que l'acquéreur n'est pas plus favorisé que les autres créanciers ordinaires du vendeur : et en quelque sorte il l'est moins; car il n'acquiert aucune autre hypothèque dans le temps intermédiaire de l'aliénation à la

tions forcées (1), à la diligence soit de l'acquéreur, soit du créancier qui l'aura requise (2) : le poursuivant énoncera dans les affiches la quotité du prix porté au contrat, et la somme en sus à laquelle le créancier s'est obligé de le porter ou faire porter (3).

XXXIV. Le tiers adjudicataire restitue à l'acquéreur les frais et loyaux-coûts du premier contrat et de sa transcription sur les registres des hypothèques, ensemble ceux par lui faits pour parvenir à la revente (4) : le tout en sus du prix de l'adjudication (5).

XXXV. L'acquéreur qui préféreroit de solder toutes les créances, a son recours contre le vendeur pour le remboursement de ce qu'il aura payé ou devra payer en sus du prix stipulé par le contrat de vente, et pour les intérêts de cet excédant, à compter du jour des payemens (6).

---

transcription de l'acte, cette faveur n'étant accordée qu'à ceux qui ignorent ou peuvent prétexter ignorer la vente.

Notez que l'acquéreur qui paye les créanciers du vendeur, leur est subrogé de droit, quant à l'objet acquis; mais on peut stipuler le contraire.

(1) Dans la loi suivante (*Voyez l'analyse sur cette loi, § VIII.*).

(2) Le premier des deux qui notifie les affiches, est préféré pour exercer la poursuite (*Voy. la loi IIᵉ. art. XI.*).

(3) Cette énonciation du prix tient-elle lieu de l'évaluation des revenus prescrite par la seconde loi (*art. 4, n°. 3.*)? Je ne le pense pas; puisque la loi ne s'en est pas expliquée; ce qui lui étoit facile et à dire et à prévoir. D'ailleurs ces différentes appréciations peuvent, ou fortifier les présomptions d'une juste estimation, si elles sont égales; ou exciter des doutes sur la vraie valeur, si elles ne le sont pas; et dans l'une et l'autre hypothèse, contribuer à faire évaluer l'objet à son juste prix par les enchérisseurs.

(4) Et ce dans les dix jours de l'adjudication (*Voyez la loi IIᵉ. art. XXI.*).

(5) Qui donc en est augmenté d'autant.

(6) Mais si l'acquéreur se rend adjudicataire aux en-

___

chères? J'ai dit dans l'analyse, que je trouvois beaucoup de difficulté à l'opinion vulgaire qui s'étoit formée sur la même question dans l'ancien régime; et suivant laquelle un acquéreur, en pareil cas, recouvroit contre le vendeur originaire, non seulement tous les frais, mais encore le montant des enchères au-dessus du prix. Et en effet, 1°. l'acquéreur a tort de se plaindre qu'il paye l'immeuble son juste prix, qui est celui des enchères, nul n'étant présumé acheter un objet plus qu'il ne vaut; sur-tout dans une enchère publique, où il faudroit supposer un concours de plusieurs imprudens; car l'adjudicataire n'enchérit pas seul. 2°. L'objection tirée de ce que le vendeur est tenu de garantir des évictions, porte à faux, puisqu'il n'y a point d'éviction, et que l'acquéreur conserve l'objet. A la vérité l'acquéreur auroit pu laisser au vendeur le soin de lui conserver la possession de l'immeuble vendu; à défaut de quoi il auroit exercé l'action en garantie : mais de ce qu'il a préféré de prendre lui-même la peine de s'assurer cette possession, cela ne l'autorise pas à se faire indemniser d'une perte qu'il n'éprouve pas. Mais, dira-t-on, il conserve l'objet en vertu de la seconde vente et non de la première : j'en conviens; et de là s'ensuit que s'il le paye trop cher à la seconde, il se fera dédommager; mais s'il ne le paye qu'à sa valeur, pourquoi lui rendroit-on ce qu'il eût été tenu, au moins en conscience, de payer en supplément si la première vente eût tenu. Au surplus il ne seroit pas admissible en justice réglée à réclamer pour excès de prix de la seconde vente, puisque les tiers enchérisseurs en ont offert la même valeur, à la dernière enchère près, que l'adjudicataire a pu réduire à 5 livres ou à 25 livres, et que dès lors le prix est réputé selon la commune estimation. 3°. L'objection qu'on tireroit de ce que le prix avoit été fixé par le contrat, est une pétition de principe et suppose ce qui est en question; savoir, si le prix stipulé dans l'acte étoit suffisant et juste. 4°. On diroit envain que la chaleur des enchères a pu faire porter l'immeuble à trop haut prix; car cela ne se présume pas, et le danger à cet égard est bien moindre que de faire dépendre la fixation du prix d'un rapport d'experts dont les opérations sont si incertaines. D'ailleurs leur ministère n'a lieu en faveur du vendeur que pour établir la lésion d'outre moitié, au-dessous de laquelle il peut certainement se commettre de grandes injustices.

D 3

XXXI, XXXII, et XXXIII, ne préjudicient en rien à l'action personnelle que les créanciers non remboursés conservent contre les vendeurs (1).

TITRE III.

Dispositions relatives aux hypothèques, priviléges et muta-tionsdupassé(2), etaux aliénations des rentesconstituées(3).

XXXVII. Les droits d'hypothèque ou privilége exis-tans lors de la publication de la présente, qui n'auroient pas encore été inscrits en exécution et dans les formes de la loi du 9 messidor an III (4), le seront, pour tout délai, dans les trois mois qui suivront ladite publication (5).

XXXVIII. Les inscriptions déjà faites, ainsi que celles qui le seroient dans ledit délai, conserveront aux créan-ciers leur hypothèque ou privilége, et le rang que leur assignoient les lois antérieures (6).

XXXIX. Les hypothèques qui n'auroient pas été ins-crites avant l'expiration des trois mois (7), n'auront effet qu'à compter du jour de l'inscription qui en seroit requise postérieurement.

Dans le même cas, les priviléges dégénéreront en sim-ple hypothèque ; et n'auront rang que du jour de leur inscription.

XL. Pour requérir l'inscription de droits antérieurs à la présente, le créancier ou le tiers agissant en son nom, ne sera point obligé de représenter l'expédition du titre de sa créance.

---

(1) Ils ne sont pas même astraints à exercer ces diligences: cela est sensible.

(2) C'est-à-dire, antérieures à la publication de cette loi.

(3) Et foncières.

(4) Articles 19, 20, 21, 22 et 23. Nous les rapporterons à la suite des lois que nous expliquons.

(5) Il est indubitable que le jour de la publication n'y est pas compris; car la loi dit, *qui suivront*. Mais ce délai a été pro-rogé par les lois des 15 pluviôse et 17 germinal an 7.

(6) Avec la distinction de *l'avant* et de *l'après* midi.

(7) Mais *V. not.* 5.

L'inscription sera faite sur la simple représentation de deux bordereaux contenant les indications prescrites par les articles XVII et XXI (1).

Celles à faire sur les biens d'une personne décédée, pourront l'être sur la simple dénomination du défunt.

Le requérant sera tenu de déclarer la somme en numéraire à laquelle il évalue les rentes et prestations pour lesquelles il s'inscrit (2).

XLI. A l'égard des inscriptions au profit des mineurs, des interdits, des absens sur leurs tuteurs, curateurs et administrateurs, elles seront faites à la diligence du subrogé-tuteur ou curateur, à peine de demeurer responsable du préjudice qui résulteroit du défaut ou retard d'inscription. Au défaut de subrogé-tuteur, les parens ou amis qui auront concouru à la nomination du tuteur ou curateur, chacun individuellement et sous leur responsabilité solidaire, seront tenus de requérir les mêmes inscriptions, ou de veiller à ce qu'elles soient faites en temps utile, à la diligence de l'un deux (3).

Celles des époux encore mineurs, pour raison de leurs conventions et droits matrimoniaux, seront faites à la diligence des père, mère ou tuteur sous l'autorisation desquels le mariage aura été contracté. A défaut de subrogé-tuteur ou curateur, et en cas de prédécès desdits père, mère ou tuteur sous l'autorisation desquels le mariage auroit été contracté, les inscriptions seront faites à la diligence des parens et amis qui ont concouru à la tutelle ou curatelle, à peine, par chacun des susnommés, de demeurer solidairement responsables de tout préjudice.

Si les inscriptions mentionnées au présent article n'ont

_____

(1) *Mais voyez l'article* 43, *ci-après.*

(2) On est donc tenu de fixer le montant des créances du passé, comme des autres : mais cela n'a pas lieu sans doute pour une action indéterminable de dommages-intérêts ; ce seroit donner effet rétroactif à la loi : car l'évaluation à forfait que donneroit le créancier, pourroit être contestée par le débiteur. Cependant j'y vois du doute. (*V. de plus p.*35, *not.* 2.)

(3) *Voyez ce que nous avons dit sur l'article* 22.

D 4

point été requises dans les deux mois de la publication de la présente par les personnes chargées de le faire, elles le seront par le commissaire du directoire exécutif près les administrations municipales.

XLII. Les inscriptions pour les droits d'hypothèque ou privilége acquis avant la promulgation de la présente sur les rentes constituées, les rentes foncières et autres prestations de cette nature déclarées rachetables par les lois (1), seront faites, savoir,

Sur les rentes foncières et prestations réelles, au bureau des hypothèques de la situation des immeubles sur lesquels elles ont été créées;

Et sur les rentes constituées, au bureau du dernier domicile du créancier desdites rentes (2).

XLIII. Dans les lieux où l'hypothèque générale étoit admise par les lois antérieures, et n'auroit pas été restreinte par les conventions des parties, les inscriptions déjà faites, et celles qui auront lieu dans le délai prescrit par l'article XXXVII (3), pour toute créance antérieure

_____

(1) Mais celles qui n'étoient point alors acquises, n'auront pas lieu (*Voyez l'article* 7, *ci-devant.*); non plus que celles qu'on auroit laissé éteindre à défaut d'inscription dans les délais (*V. la loi du* 17 *germinal*): car il seroit contradictoire qu'elles conservassent quelque effet même pour le passé, puisque ce qui n'existe plus ne sauroit avoir d'effet.

(2) Car les rentes n'ayant aucune situation réelle, on leur en donne une fictive; parce que tout immeuble doit avoir une assiette. On fixe donc les rentes foncières sur l'immeuble qu'elles représentent; et les rentes constituées, au domicile du créancier à qui elles sont dues. Au reste l'inscription au domicile du créancier me paroît avoir lieu même pour les rentes dues par le gouvernement et payables au ci-devant hôtel de ville de Paris, quoique réputées fixées jadis au bureau où elles se payoient; car, 1°. cet article ne fait aucune distinction. 2°. Il en résulte une grande facilité pour les inscriptions, pour l'obtention desquelles il seroit pénible de venir des extrémités de la France.

(3) Il en est autrement, si elles ne se font pas dans le délai; car alors elles n'existent vraiment que du jour de l'inscrip-

à la publication de la présente, en conservent le rang sur les biens présens et à venir du débiteur situés dans l'étendue du bureau où elles auront été requises, sans que le créancier soit obligé de désigner la nature ni la situation des immeubles (1).

XLIV. Les possesseurs d'immeubles (2) qui n'auroient pas encore accompli toutes les formalités (3) prescrites par les lois et usages antérieurs pour consolider leurs propriétés et en purger les charges et hypothèques, y suppléeront par la transcription de l'acte de mutation (4).

Les dépôts d'actes d'expropriation déjà faits dans les formes prescrites par l'article CV (5) de la loi du 9 messidor an III, tiendront lieu de cette transcription (6).

XLV. Pour purger les hypothèques et priviléges qui existeroient en vertu des anciennes lois sur les rentes foncières, sur les prestations réelles déclarées rachetables, ainsi que sur les rentes constituées, les nouveaux possesseurs feront transcrire leurs titres, savoir, pour les rentes foncières et prestations réelles, au bureau des hypothèques de la situation des immeubles sur lesquels elles

---

tion, et par conséquent elles ne peuvent plus avoir la qualité d'hypothèques générales, que la nouvelle loi prohibe.

(1) Ce qui seroit impossible pour les biens à venir, puisqu'on ne désigne pas ce qu'on ne connoît point.

(2) *D'immeubles* acquis par acte volontaire et susceptibles d'être grevés.

(3) Donc si les lettres de ratification n'étoient pas scellées au jour de la promulgation de la loi, tout ce qu'on avoit fait est comme non avenu. Mais si elles l'étoient, les hypothèques ont été purgées, et il n'y a pas lieu à la transcription.

(4) Dans les formes prescrites au tit. 2, art. 26 et suiv.

(5) *Voyez cet art. ci-après, à la suite*, liv. 5.

(6) Mais rien de plus, attendu que la loi du 9 messidor, an 3, n'a jamais été obligatoire, ayant été d'abord suspendue, puis abrogée.

ont été créées, et quant aux rentes constituées, au bureau du domicile actuel du précédent propriétaire (1).

XLVI. Toutes mutations antérieures à la publication de la présente, dont les actes auront été déposés (2) avant ladite publication, ou transcrits dans les trois mois suivans (3), ne seront purgées (4) que des charges et hypothèques non inscrites au registre de la conservation avant l'expiration desdits trois mois (5).

XLVII. Si la transcription des mutations mentionnées aux articles XLIV et XLVI n'est faite qu'après l'expiration des trois mois qui suivront la publication de la présente (6), l'immeuble qui en est l'objet demeure grevé des charges et hypothèques consenties par les précédens pro-

---

(1) Suivant le principe, *Que la transcription se doit faire au bureau de la situation de l'immeuble* (*V. avant, art.* 26); car avant la transcription de l'acte de cession, la rente n'est pas réputée à l'égard des tiers, être sortie des mains de l'ancien possesseur, au domicile duquel elle doit par conséquent demeurer attachée. (*V. art.* 26 *et* 28). De là je conclurois que si le précédent propriétaire immédiat a revendu sans avoir fait de transcription, le dernier acquéreur doit s'adresser au bureau du domicile du possesseur antérieur à son vendeur : car celui-ci ne peut pas lui transmettre plus de droit qu'il n'en a; il faut donc remonter à celui qui a la vraie possession efficace pour l'acquérir (*V. l'art.* 47, *alin.* 2, *qui affermit cette opinion.*).

(2) En vertu de la loi du 9 messidor, an 3, art. 105. (*V. cet article ci-après.*).

(3) Ce délai a été prorogé (*V. la loi du* 17 *germinal, an* 7).

(4) De plein droit. *V. art.* 28 *et* 30, *avec les notes*).

(5) Mais pour purger celles qui auront été inscrites avant le terme, l'acquéreur se conformera aux régles ordinaires. (*V. art.* 30, *etc.*) Et comme une créance ne sauroit être purgée pendant que le créancier ne peut être constitué en demeure, il s'ensuit que l'acquéreur ne sauroit efficacement mettre en usage ces formalités, avant l'expiration des deux mois fixés par la loi du 17 germinal, an 7, puisque les anciens créanciers ont ce délai pour se mettre en régle.

(6) Ce délai a été prorogé. (*V. la loi du* 17 *germinal an* 7).

priétaires avant leur expropriation (1), et qui seroient inscrites avant cette transcription (2).

A l'égard des rentes constituées, elles demeurent grevées de celles desdites charges et hypothèques inscrites dans les divers bureaux où les précédens propriétaires sur lesquels elles n'auroient point été purgées (3), auroient eu leur domicile.

————————————————————

(1) Mais non de celles consenties depuis, quoiqu'avant la transcription. La disposition de l'article 26 à cet égard ne s'applique qu'aux mutations postérieures à la loi, qui ne peut avoir d'effet rétroactif et redonner au vendeur ou à des tiers, au préjudice de l'acquéreur, une faculté qu'ils n'avoient plus.

(2) Mais chacune ne vient que selon le rang que la loi lui assigne ; et celles qui n'ont été inscrites qu'après les délais perdent leur antériorité sur celles qui l'étoient avant.

(3) Il n'est pas nécessaire que, lorsqu'on veut purger une rente d'hypothèques, un chacun des possesseurs grevés antérieurs, soit nominativement et expressément compris dans la procédure de purification; mais il doit y être indirectement compris, en vertu de la série non interrompue des transcriptions faites successivement au bureau des hypothèques du domicile d'un chacun, en remontant jusqu'au plus ancien ; laquelle série a averti, à chaque mutation, les créanciers, du changement de situation fictive de la rente, et les a mis en même de faire leurs diligences conservatoires, contre qui et devant qui il auroit appartenu. Mais si la transcription a été omise, même par un seul des tenanciers successifs, alors le fil est rompu ; les créanciers, ignorant la mutation où cette formalité a manqué, ignorent aussi toutes celles qui s'ensuivent ; ils conservent donc toujours leurs droits sur la rente, qui, à leur égard, est censée être toujours située au domicile du propriétaire sur lequel il n'y a pas eu de transcription; et laquelle par conséquent ne sauroit être purgée de leurs droits dans un bureau et sur un propriétaire qu'ils ne doivent pas connoître. Voilà le sens de ce passage de la loi : *Les précédens propriétaires sur lesquels elles n'auroient point été purgées* ; autrement la loi auroit dit : *Les précédens propriétaires,* DEPUIS LA POSSESSION DESQUELS *elles n'auroient point été purgées.* (*V. la dernière note sur l'article* 45).

XLVIII. En cas d'insuffisance du prix de la vente pour l'acquit intégral des charges et hypothèques, l'acquéreur peut user de la faculté accordée par l'art. XXX, sauf aux créanciers à requérir, si bon leur semble, l'adjudication aux enchères, suivant l'article XXXI (1).

XLIX. Il n'est rien innové, pour les mutations antérieures à la présente, aux lois et usages qui auroient pu obliger le nouveau propriétaire à la représentation et au payement de son prix, ni aux droits et actions des créanciers, soit pour l'exiger, soit pour suivre l'immeuble dans les mains du tiers possesseur (2).

---

(1) Cependant je ne crois pas que les créanciers provoquans ne soient alors tenus d'augmenter le prix que d'un vingtième, selon le même article 31 ; ce seroit donner effet rétroactif à la loi. (*V. l'art. 49 qui suit*).

(2) Cet article établit une exception, 1°. à l'article 15, qui veut que l'aliénation de l'objet grevé n'influe point désormais sur l'exigibilité de la créance; toute aliénation antérieure à la loi rend donc exigibles toutes créances, au vœu des anciennes lois. 2°. Il déroge encore à l'article 31, qui n'astreint les créanciers provoquans qu'à une augmentation d'un vingtième du prix : ils offriront donc un dixième, et en outre une caution valable. (*Edit de 1771, art. 9*). —
Cette seconde exception se tire de *ce qu'il n'est rien innové aux droits et actions des créanciers, pour suivre l'immeuble dans les mains du tiers possesseur.* Et certes l'acquéreur qui a le droit acquis de n'être troublé que par l'offre d'un dixième en sus, éprouveroit clairement un effet rétroactif de la part de la loi, si les créanciers n'étoient astreints qu'à une augmentation d'un vingtième.
Mais il n'y a aucun effet rétroactif dans l'admission des étrangers à l'enchère, puisque c'étoit une injustice manifeste qu'un créancier indigent n'eût pas le moyen de déjouer la collusion du vendeur avec l'acquéreur, et que la répression d'une injustice n'est jamais une rétroaction; car nul n'a un droit acquis d'être injuste : cela répugne.
Et à cette occasion nous poserons pour principe que la prohibition de donner aux lois un effet rétroactif, ne s'applique qu'aux lois pures positives, et non à celles qui ne font que rappeler l'observation de la loi naturelle : ces dernières

L. Dans le cas où les mutations de rentes constituées n'auroient lieu que postérieurement à la publication de la présente, le nouveau possesseur sera tenu des hypothèques inscrites dans le délai prescrit par l'art. XXXVII, tant sur le dernier propriétaire que sur ceux antérieurs dans les divers bureaux où ils auroient eu leur domicile, et qui se trouveroient encore subsistantes sur lesdites rentes lors de la transcription de l'acte de mutation.

TITRE IV.

De la publicité des registres des bureaux de la conservation des hypothèques.

LI. Les conservateurs des hypothèques sont tenus de délivrer, quand ils en seront requis (1), la copie des actes transcrits sur leurs registres, ainsi que l'état des inscriptions subsistantes, ou le certificat qu'il n'en existe aucune (2).

---

méritent moins le nom de lois, que celui de proclamations faites pour le maintien de la loi naturelle.

L'acquéreur n'a pas non plus la faculté que lui donnoit l'édit de 1771, de *parfournir* les enchères; il doit surenchérir pour retenir l'immeuble : c'est une conséquence naturelle de l'admission des étrangers à l'enchère; un tel privilége éloigneroit tout enchérisseur de bon sens.

Et dès-lors qu'il doit surenchérir, il n'a pas d'intérêt pour exiger que les surenchères soient d'un *vingtième*, au lieu d'être de 5 fr. ou 25 fr. (*V. la loi suivante, art.* 16); bien au contraire.

(1) *Quand ils en seront requis*, par qui ce soit; puisque c'est un dépôt public, institué pour rendre connu à tout le monde ce qu'il renferme.

(2) Mais en cas de refus, à la charge de qui seront les frais d'un acte de sommation? S'il existe des témoins ou autres preuves du refus, ces frais sont à la charge du refusant, qui doit porter la peine de son délit, et qui n'a pas le droit de causer aux particuliers des dépenses inutiles. Mais à défaut de preuve, soit écrite, soit testimoniale, la présomption est en faveur du préposé, qui est censé faire son devoir.

LII. Ils sont responsables du préjudice (1) qu'occasionneroient,

1°. Le défaut de mention sur leurs registres, des transcriptions d'acte de mutation, et des inscriptions requises en leurs bureaux ;

2°. L'omission qu'ils feroient dans les certificats qui leur seroient demandés pour constater les inscriptions existantes, de l'une ou de plusieurs de celles requises antérieurement, à moins que dans ce dernier cas, l'erreur ne provienne d'une désignation insuffisante qui ne pourroit leur être imputée.

LIII. Au moyen de la responsabilité prononcée par l'article précédent, l'immeuble à l'égard duquel le conservateur auroit omis une ou plusieurs des charges inscrites, en demeure affranchi dans les mains du nouveau possesseur, pourvu qu'il ait requis ce certificat depuis la transcription de l'acte de mutation (2) ; sauf néanmoins aux créanciers le droit de faire colloquer leurs créances suivant le rang qui leur appartient, tant que le prix n'a point été payé au vendeur, ou que l'ordre et distribution n'a point été fait entre les autres créanciers.

Le conservateur sera subrogé de droit aux actions que les créanciers qu'il auroit été obligé de payer avoient contre le débiteur originaire.

LIV. Dans aucun cas, les conservateurs des hypothèques ne pourront refuser ni retarder les transcriptions d'actes de mutation, les inscriptions ou la délivrance des certificats qui seront requis conformément aux lois ; à peine de répondre des dommages-intérêts des parties (3).

---

(1) Quand le conservateur est coupable de dol et non de simple faute, il est responsable de tout préjudice, prévu et non prévu (*V. Pothier, des obl. N°*. 159, *etc.*). Mais l'impéritie n'est qu'une faute et non un dol.

(2) Il est indifférent à quelle époque, depuis la transcription, l'acquéreur prenne ce certificat ; car dès que l'acte de mutation est transcrit, l'objet ne peut plus être grevé au nom du précédent propriétaire (*V. les art.* 26, 27 *et* 28).

(3) Et les conservateurs sont alors réputés coupables de

LV. Il sera incessamment statué sur l'organisation du
bureau général et des bureaux particuliers de la conservation des hypothèques ; jusqu'à cette époque, le service
sera provisoirement continué d'après les dispositions de la
présente, par ceux actuellement établis en exécution de
la loi du 9 messidor an III, et conformément à ce qu'elle
prescrit à cet égard (1).

LVI. Les deux lois du 9 messidor an III, sur le régime
hypothécaire et sur les déclarations foncière, ensemble
toutes les lois, coutumes et usages antérieurs sur les cons-
titutions d'hypothèques, et sur les moyens de consommer
et consolider les aliénations d'immeubles et d'en purger
les hypothèques, demeurent abrogés (2).

---

dol : car il n'est pas présumable que l'impéritie aille si loin.
Ils seront donc condamnés à réparer tout le tort qui en résulte
(*V. la note sur l'art.* 52).

(1) Abrogé par la loi du 21 ventôse an 7. (*V. ci-après
liv.* 5).

(2) Quant à ce que ces lois, coutumes, et usages antérieurs
ont de contraire, soit à la lettre, soit à l'esprit de la présente
loi : car du reste c'est un principe incontestable, qu'on sup-
plée aux nouvelles lois par les anciennes (*V. ff. lib. 1, tit. 3, de
legibus, l.* 26, 27 *et* 28). Et en effet, puisque la loi nouvelle admet des hypothèques légales et que cependant elle
n'en constitue aucune, se contentant de pourvoir aux moyens
de les conserver, il s'ensuit qu'elle se réfère à cet égard aux
anciennes lois qui lui servent de complément.

Mais il est essentiel de remarquer que notre observation
ne s'applique point aux deux lois du 9 messidor an 3, qui
n'ayant pu être mises à exécution, sont réputées non avenues
et n'ont pu former aucune jurisprudence. Et certes il seroit
singulier que ces lois ayant été suspendues comme imprati-
cables aussitôt qu'elles ont paru, et avant le terme où elles de-
voient entrer en vigueur, elles servissent aujourd'hui de règle
pour interpréter la réduction en pratique des lois qui les ont
remplacées et qui sont fondées en partie sur des principes différens. Une loi suspendue avant son terme obligatoire et ensuite
abrogée, est assimilée à un simple projet de loi rejeté.

LVII. La présente sera réimprimée, et envoyée par les administrations centrales de département à celles municipales, qui la feront publier et afficher dans leurs arrondissemens respectifs.

LVIII. Il sera statué incessamment, par une loi particulière, sur les modifications dont la présente est susceptible pour son exécution dans les colonies.

NOTA. Le 28 ventôse, an 7, on a tenté au conseil des 500 de faire modifier les art. 44 et 46 de la précédente loi; une commission créée à cette fin vouloit, 1°. Que les acquéreurs qui, au désir de l'édit de 1771, avoient exposé leur contrat d'acquisition pendant deux mois, *révolus avant la publication de la nouvelle loi*, ne fussent pas assujétis aux formes actuelles, pour purger les hypothèques. 2°. Qu'il fût suppléé au silence de la loi sur les enchères, qui sont, ou ne sont pas, survenues pendant cette exposition des deux mois.

On soutenoit que la loi du 11 brumaire avoit effet rétroactif. Mais le conseil a déclaré qu'il n'y avoit pas lieu à délibérer.

LIVRE

LIVRE III.

Analyse de la seconde Loi du 11 Brumaire an 7, sur le régime hypothécaire et les expropriations forcées.

CETTE loi sert de suite et de complément à celle du même jour sur le régime hypothécaire, dont nous venons de traiter dans les deux livres précédens : elle a succédé à l'ancienne forme des ventes d'immeubles, soit par décret, soit sur placard, soit à l'enchère et par suite d'exposition de contrat d'acquisition pour parvenir aux ci-devant lettres de ratification. Afin de donner une idée méthodique des dispositions qu'elle renferme, nous parlerons, 1°. du commandement qui précède la saisie des immeubles. 2°. Des affiches qui tiennent lieu de saisie. 3°. Des enchères. 4°. De l'adjudication. 5°. Des effets de l'adjudication. 6°. De l'ordre et distribution de deniers. 7°. Des revendications. 8°. Des ventes forcées, sur un acte volontaire déposé aux bureaux des hypothèques pour purger les charges dont un immeuble est grevé.

§. I.

Du commandement.

Ce commandement, qui aujourd'hui comme jadis, doit être fondé sur un titre exécutoire, précède d'un intervalle, au moins de trente jours et au plus de six mois, toutes autres poursuites. On a conservé la formalité de la délivrance de copie au débiteur, mais on a supprimé celle des témoins ou records ; il y a été suppléé par le *visa* que l'huissier sera tenu de faire apposer, dans les vingt-quatre heures, sur l'original, par le juge de paix du lieu

E

de la signification ou par l'un de ses assesseurs, il sera laissé une seconde copie à celui qui donnera le *visa*.

Chaque copie doit contenir la transcription entière du titre , et la désignation des immeubles dont on provoqueroit la vente.

§. II.

Des affiches.

Les affiches sont imprimées et non manuscrites : elles contiennent, 1°. le lieu , le jour et l'heure de la vente. 2°. La nature , l'étendue et la situation des biens. 3°.L'évaluation de leur revenu dans le rôle de l'impôt foncier. 4°. Les noms , professions et domiciles du débiteur et du créancier. 5°. Un état de toutes les inscriptions existantes sur l'immeuble au jour du commandement. 6°. Les conditions de l'adjudication. 7°. Une mise à prix par le poursuivant, laquelle tient lieu de première enchère. 8°. Election de domicile du poursuivant dans la commune où l'adjudication doit se faire (*V. le modèle de cette affiche, liv. 6.)*.

Cette affiche vaut saisie ; mais pour qu'elle ait tout son effet à l'encontre d'un tiers non saisissant, il faut que l'original de l'acte de notification du procès verbal d'affiche ait été inscrit au bureau des hypothèques : jusques-là les obligations que contracteroit le saisi seroient valides à l'égard des tiers contractans de bonne foi. L'affiche ne doit être placardée ni avant l'intervalle de trente jours , ni après celui de six mois, à partir du commandement : au premier cas il faudroit procéder à une nouvelle affiche; au second cas , faire un nouveau commandement sujet au même délai de trente jours, attendu que le premier seroit périmé.

Les affiches sont placardées, 1°. à la porte extérieure du domicile du débiteur saisi , et à celle des édifices saisis , lorsqu'il y en a. 2°. Aux lieux destinés aux affiches publiques dans la commune de la situation des biens. 3°. Dans celle du bureau des hypothèques dont ils dépendent. 4°.Dans celle du chef-lieu du canton. 5°. A la porte de l'auditoire du tribunal civil qui doit prononcer l'adjudication, au greffe duquel on en dépose un exemplaire pour le jour de la vente.

Nous disons, *du tribunal civil;* car quelque modique que soit la créance, ainsi que l'héritage, on ne peut procéder à la vente devant les justices de paix (*V. l'art.* 9 *de la loi.*)

L'apposition des affiches est constatée par un procès verbal d'huissier, pour lequel l'assistance des témoins n'est pas non plus nécessaire.

On notifie, tant le procès verbal que les affiches, à tous les créanciers inscrits et aux domiciles par eux élus, ainsi qu'au débiteur saisi, à chacun desquels on en laisse copie. Le délai pour ces notifications est de cinq jours, à dater du dernier procès verbal d'affiches : et si le domicile du saisi est éloigné de dix lieues ou plus, des biens à vendre, on ajoute un jour par dix lieues.

Les originaux des procès verbaux d'affiche et des exploits de leur notification, sont soumis au même *visa* que le commandement, et pour même motif. De plus ils doivent être inscrits au bureau des hypothèques de l'assiette des biens.

Un créancier ne peut saisir que successivement la vente des biens de son débiteur situés dans plusieurs départemens, à moins que ces biens ne fassent partie d'un seul domaine exploité ou affermé par une même personne.

Pendant les poursuites, le débiteur reste en possession, comme séquestre et dépositaire judiciaire ; et par conséquent sous la peine de la contrainte par corps. Mais les créanciers ont la faculté de faire procéder à la saisie mobiliaire des fruits, conformément aux lois anciennes, s'ils craignent que le propriétaire saisi et possesseur provisoire, ne les détourne ou en abuse.

Le saisi n'a que la nue possession et usage ; il ne peut ni couper les bois, ni se permettre aucune détérioration quelconque. Je ne vois pas cependant qu'il soit tenu à un compte régulier de son administration, puisque la loi permet aux créanciers la saisie des fruits qui en tient lieu.

A plus forte raison le saisi ne peut-il disposer de la propriété ; et à compter du jour de l'inscription de la notification des procès verbaux d'affiche , les obligations qu'il contracteroit à cet égard , en hypothéquant ou aliénant le fonds , seroient nulles , même au préjudice des tiers contractans.

Au reste il est tenu de délaisser la possession , dès le moment de la signification à lui faite , tant du jugement d'adjudication, que de la transcription d'icelui au bureau des hypothèques.

Lorsque plusieurs créanciers ont provoqué la vente des mêmes biens , celui qui le premier a notifié les procès verbaux d'affiche , est réputé premier saisissant; si ce n'est qu'un autre eût compris dans sa poursuite une plus grande quantité de biens : car alors celui - ci demeureroit seul poursuivant, quoique sa notification fût postérieure.

§. III.

Des enchères.

Elles se font, ainsi que l'adjudication qu'elles ont pour but , devant le tribunal civil de la situation des biens.

Il ne peut y avoir moins de deux décades , ni plus de trois , entre le jour où s'ouvrent les enchères et celui de la notification faite au saisi et aux créanciers inscrits, des affiches et procès verbaux d'icelles.

Toute personne peut enchérir , soit par elle – même , soit par autrui. Celui qui enchérit pour un autre n'est pas tenu de justifier de procuration , mais seulement s'il demeure adjudicataire , il est astreint à faire au pied du procès verbal d'adjudication, dans les vingt-quatre heures d'icelle , sa déclaration de mieux, comme nous le disons bientôt.

Les enchères ne peuvent jamais être moindres de cinq francs, ni même de vingt-cinq, si la première mise à prix excède deux mille francs.

Elles se font à l'extinction des bougies, ainsi qu'il va être expliqué dans les §§. 4 et 8 ci–après.

§. IV.

De l'adjudication.

L'adjudication se fait devant le tribunal civil de la situation des biens, comme on l'a déjà dit, à la chaleur des enchères, et à l'extinction des feux.

D'où s'ensuit que si le débiteur a des biens dans le ressort de plusieurs tribunaux civils, on fait autant d'adjudications et par conséquent autant de procédures, qu'il y a de tribunaux différens sous lesquels des biens sont situés: la loi a même voulu, ainsi que nous l'avons déjà observé, que ces procédures ne se fissent que successivement les unes après les autres; et en effet, il seroit possible qu'on en fît souvent de surabondantes, et que certaines d'entre elles eussent été suffisantes pour satisfaire les créanciers.

Cependant si un seul et même corps de domaine, exploité ou affermé par un même particulier, s'étend dans plusieurs départemens, et par conséquent sous plusieurs tribunaux civils, on peut en provoquer et obtenir la vente et adjudication simultanément pour la totalité, devant le seul tribunal civil dans le ressort duquel est situé le chef-lieu du domaine.

Et s'il n'y a pas de chef-lieu, mais seulement un certain nombre de pièces isolées entre elles, comprises sous une même exploitation, l'adjudication est faite par le tribunal, sous lequel est situé la partie de ces biens à laquelle le rôle foncier attribue le plus de revenu.

Voici dans quelle forme se fait cette adjudication.

Aussitôt les enchères ouvertes, aux jour, lieu, et heure réglés par la loi et déterminés dans les affiches, on allume successivement des bougies préparées, de manière que chacune dure environ cinq minutes.

S'il y a des enchères pendant la durée des deux premières bougies, et qu'en outre elles élèvent le prix à plus de quinze fois le revenu porté sur le rôle foncier, il en est allumé d'autres successivement, jusqu'à ce qu'il s'en éteigne une sans aucune enchère, et alors l'adjudication est prononcée sur le champ au profit du dernier enchérisseur.

Mais lorsque pendant les deux premiers feux il n'y a pas eu d'enchère, ou qu'aucune n'est parvenue au delà de quinze fois le revenu fixé sur le rôle de la contribution foncière, le tribunal est tenu de remettre l'adjudication à vingt jours au moins, et à trente au plus; pendant le-

E 3

quel temps le poursuivant fait apposer et notifier de nouvelles affiches dans les formes ci-dessus expliquées, §. 2.

Au jour capté par la remise, après l'extinction des
deux premiers feux, l'adjudication est prononcée sur l'extinction de celui des feux ultérieurs, pendant lequel il n'est
point survenu de nouvelle enchère ; ce qui a lieu quoique
le prix soit encore inférieur à quinze fois le revenu fixé
par la matrice du rôle, et qu'il n'y ait même eu aucune
enchère, ni à la première, ni à la seconde séance.

Il ne peut donc jamais être prononcé d'adjudication,
qu'après trois bougies consécutives pour le moins.

Celui qui veut se rendre adjudicataire pour autrui n'est
pas contraint de justifier de procuration ; mais il doit faire
sa déclaration de mieux au bas du procès verbal d'adjudication, dans les vingt-quatre heures d'icelle ; sinon il
est réputé adjudicataire en son propre nom.

Il est clair que le saisi ne peut être adjudicataire : car
étant déjà incapable de satisfaire ses créanciers, sinon il ne laisseroit pas vendre, on exposeroit le poursuivant à de nouvelles difficultés, et à une revente à la
folle enchère. Par la même raison toute déclaration de
mieux au profit du saisi est nulle, et celui qui la fait ne
laisse pas malgré sa déclaration, de demeurer personnellement responsable des suites de l'adjudication : à quoi il
est contraignable par corps.

Il en est de même de ceux qui désignent pour leurs
mieux des personnes qui sont notoirement insolvables ;
c'est alors un dol manifeste.

L'adjudicataire doit dans le mois de l'adjudication en
faire transcrire l'acte sur les registres du bureau des hypothèques de la situation des biens adjugés : il ne peut
avant cette transcription entrer en possession des biens.
Et en outre si le mois expire sans que cette formalité ait
été remplie, les créanciers non payés ont la faculté, quoique le terme de leur créance ne soit pas échu, de faire
procéder contre l'adjudicataire, à la revente à sa folle
enchère, et cela dans les formes et délais ordinaires ; si ce
n'est que le commandement est remplacé par une dénonciation du certificat délivré par le conservateur des hypothèques, qui contaste que la transcription du jugement

d'adjudication n'a pas été faite. Mais au surplus il est clair que l'adjudicataire peut purger à toute époque, à leur égard, ce défaut d'exactitude, en leur payant leur dû ; parce qu'alors ils sont sans intérêt.

Que si l'adjudicataire, quoiqu'il ait satisfait à la formalité de la transcription, manque aux charges et conditions qui lui sont imposées, et ne paye pas les créanciers aux termes, et de la manière qu'ils y ont droit, on fait procéder contre lui à la revente sur folle enchère, en vertu de l'extrait du jugement d'ordre contenant la collocation utile du créancier. Cette revente se fait dans la même forme que la première.

· Au surplus l'adjudicataire doit en sus des autres charges et conditions, rendre au poursuivant, dans la décade de l'adjudication, tous les frais faits pour y parvenir.

Nous finirons ce paragraphe en remarquant que, ni le saisi, ni les créanciers, ne peuvent élever contre l'adjudicataire aucun moyen de nullité, ou omission de formes dans les actes de la poursuite, qu'autant qu'ils les auroient proposés à l'audience où l'adjudication a été consommée ; sauf l'appel, tant du jugement intervenu à cet égard, que de celui d'adjudication, si l'on opposoit à ce dernier quelque nullité, ou l'omission de quelqu'une des formalités prescrites.

§. V.

Effets de l'adjudication.

L'adjudication définitive purge les hypothèques, mais elle ne transmet à l'adjudicataire d'autres droits à la propriété, que ceux qu'avoit le saisi ; elle n'a donc pas comme avoit jadis le décret, la vertu de purger la propriété étrangère.

Cependant comme elle forme un titre, et que la prescription soutenue d'un titre coloré, s'accomplit dans dix ans, l'adjudicataire prescrit uniformément, soit la propriété, soit l'usufruit des biens adjugés, dans le laps de dix années, à compter du jour de la transcription du jugement au bureau des hypothèques, et de la première perception des fruits.

Par la même raison toutes les servitudes occultes , et les servitudes apparentes dont l'exercice n'est pas continu, ainsi que les prestations réelles non rachetables, se purgent par le même espace de dix années, à compter du jour où l'exercice en a entièrement cessé.

L'adjudication a encore cet effet que, dès qu'elle est prononcée, ni le saisi , ni les créanciers ne peuvent plus élever contre l'adjudicataire aucun moyen de nullité ou omission de formes dans les actes de la poursuite ; ils doivent les opposer avant, sauf l'appel tant du jugement intervenu à cet égard, que de celui d'adjudication , si l'on oppose à ce dernier quelque nullité ou l'omission de quelqu'une des formalités prescrites.

§. VI.

De l'ordre et distribution des deniers.

L'un et l'autre se fait devant le tribunal qui a prononcé l'adjudication : et à cet effet, il est ouvert au greffe de ce tribunal un procès verbal d'ordre , sur la première réquisition de l'un des créanciers, et sur la remise qu'il fait en même temps, d'un état certifié par le conservateur des hypothèques, de toutes les inscriptions existantes sur les biens aliénés.

Ce procès verbal n'est clos que trente jours après que son ouverture a été notifiée tant aux créanciers inscrits qu'au débiteur dont l'immeuble a été aliéné.

Pendant ce même intervalle, ceux des créanciers privilégiés qui ne sont point assujettis à l'inscription, sont tenus à peine de déchéance du privilège, de produire leurs titres et pièces au greffe. Mais la loi suppose donc qu'ils ont été avertis et que par conséquent ils avoient formé une inscription quelconque ou une simple opposition, comme il a été dit ailleurs ; sinon comment les connoîtra-t-on pour les mettre en demeure ; et d'un autre côté, comment seront-ils déchus sans avoir été mis en retard , ni avoir connu la procédure d'ordre ?

Quant aux créanciers inscrits, ils sont exempts de produire, à moins qu'ils en soient requis ; parce que l'extrait de leurs inscriptions compris dans l'état sus mentionné, fait assez connoître leurs droits : mais à toute réquisition, soit d'un créancier, soit du saisi, ils sont tenus de justifier de leurs titres de créance et de les produire et déposer au greffe où l'ordre s'instruit.

Il est loisible à tous les intéressés de prendre communication pendant le susdit délai de trente jours, du procès verbal d'ordre, de l'extrait des inscriptions, et de tous les titres ou pièces produits ; de faire sur le tout leurs observations qu'on insère au procès verbal : faute de quoi l'ordre se dresse d'après l'extrait des inscriptions et des titres ou pièces produits.

A la première audience après la clôture de ce procès verbal ; c'est-à-dire, après les trente jours de son ouverture, on le porte devant le tribunal pour en faire prononcer l'homologation et décider toutes les contestations qui auroient été élevées. On n'a besoin pour cela de donner assignation ni aux créanciers ni au saisi ; mais la loi réserve la faculté de l'appel, nonobstant lequel cependant les collocations non contestées reçoivent leur exécution.

Le jugement d'homologation règle quels sont ceux qui viennent en ordre utile et en quel rang ; il ordonne que le greffier expédiera à chacun un bordereau de collocation qui énonce la nature et le montant de la créance et des accessoires ayant le même rang d'hypothèque, ainsi que l'époque de l'échéance tant du capital que des accessoires. L'adjudicataire acquitte ce bordereau aux termes et de la manière y prescrite ; pourvu qu'il n'existe aucune saisie ni opposition en ses mains contre le créancier colloqué ; sinon il attendra la main-levée.

Par le même jugement il est ordonné que les inscriptions, déclarées ne pas venir en ordre utile, seront rayées par le conservateur des hypothèques, ou modifiées de telle sorte qu'elles ne frappent plus sur l'immeuble qui vient d'être aliéné. Quant aux autres, elles ne sont rayées qu'après le payement effectué, et sur la représentation de la quittance, comme on l'a dit ailleurs.

§. VII.

Des Revendications.

L'adjudication judiciaire n'ayant plus l'effet de purger

le droit de propriété, mais seulement celui d'hypothèque, la conséquence est que celui dont on adjuge la propriété sur la tête et au nom d'un autre, n'a besoin de former aujourd'hui aucune opposition à fin de distraire, ou à fin d'annuller, ou à fin de charge, pour conserver ses droits. Mais il est clair que ce qui a été introduit en sa faveur ne peut lui nuire, et que celui qui juge à propos de revendiquer sa propriété pendant les poursuites, incontestablement en a le droit: pour cet effet il intervient dans la procédure d'adjudication, sous les formes suivantes.

1°. Il fait signifier l'exploit d'intervention, tant au poursuivant, à personne ou au domicile élu par les affiches, qu'à celui sur qui l'objet a été mal à propos saisi. Il est à noter que cette intervention n'est point sujette à la formalité de la conciliation. 2°. Il déclare par cet exploit qu'il fera statuer sur sa revendication à l'audience indiquée pour l'adjudication. 3°. Il énonce dans le même exploit les titres justificatifs de la propriété par lui réclamée. 4°. Il dépose ces mêmes titres, s'il est possible, au greffe du tribunal, avant le jour indiqué pour l'adjudication, afin que les parties intéressées en prennent communication; mais la loi ne dit pas à quel intervalle. 5°. L'exploit énonce clairement les objets revendiqués; et si ce ne sont que des héritages séparés et non un corps de domaine ou une quote-part d'icelui, on exprime exactement la nature, la consistance, la situation, et les confins par tenans et aboutissans, de chaque objet revendiqué.

A défaut de quelqu'une de ces formalités, le tribunal passe outre, nonobstant cette action en revendication; à moins cependant que le poursuivant ne préfère de surseoir; de quoi il a le droit.

Autant qu'il est possible, le tribunal doit vider la contestation sur la revendication au jour indiqué, qui est celui de l'adjudication; et ce avant de procéder aux enchères, puisque la difficulté sur la revendication tient suspendue sur la solidité de la vente.

Lorsque cela est absolument impossible, le tribunal après avoir ouï le commissaire exécutif, renvoie le jugement à la prochaine audience.

Et en cas d'appel du jugement rendu sur la revendication, les juges d'appel statueront, comme en matières provisoires et sans tour de rôle.

Toutes les fois qu'une action en revendication est admise, mais non terminée, soit à cause d'appel ou autrement, on surseoit à l'adjudication des objets revendiqués. Au surplus le tribunal peut, après avoir entendu les parties intéressées qui seroient présentes ainsi que le commissaire exécutif, ordonner l'adjudication de tout ou partie des objets non revendiqués; à la charge de prononcer à cet égard par un jugement séparé de celui relatif à la question de revendication.

Lorsque l'adjudication a été retardée par une revendication, on ne peut y procéder qu'après l'apposition et notification de nouvelles affiches, dans les formes et avec les délais ordinaires : ceci est important à remarquer. Un nouveau commandement est même nécessaire, lorsqu'il s'est écoulé plus de six mois depuis la prononciation du jugement définitif sur la revendication.

§. VIII.

Des ventes forcées sur actes volontaires déposés aux bureaux des hypothèques, soit anciens ou nouveaux.

Ces ventes sont faites dans la même forme en général que les ventes forcées ordinaires, suivant l'art. 33 de la précédente loi : elles n'ont de particulier que ce qui s'ensuit.

1°. Le commandement est remplacé par une dénonciation que fait l'acquéreur au vendeur, de la réquisition par laquelle les créanciers ont provoqué la revente sur enchères publiques; dans cette dénonciation le vendeur est sommé de rapporter dans dix jours main-levée des inscriptions qui excèdent le prix de la vente.

2°. La poursuite en revente embrasse nécessairement tous les biens compris dans un même contrat, quoique leur exploitation soit divisée, et leur situation, sous divers départemens; et alors l'adjudication est faite par le tribunal civil dans le ressort duquel se trouvent les biens auxquels la matrice du rôle attribue le plus de revenu.

3°. La plus haute somme à laquelle les créanciers se

sont obligés de porter ou faire porter l'immeuble, sert de première enchère, ou plutôt, de mise à prix.

4°. Soit qu'il y ait ou non des enchères sur les deux premiers feux, on n'ordonne point de remise ; mais au jour indiqué pour l'adjudication, elle est faite au plus haut enchérisseur, s'il y en a, en la forme ordinaire, quel que soit le montant des enchères. Et s'il n'y a point d'enchérisseur, elle est faite au profit du créancier provoquant; pourvu qu'il se présente pour la requérir, ou quelqu'un en son nom.

Que si personne ne se présente, même pour le provoquant, le tribunal après la consommation de trois bougies consécutives, déclare que ce créancier est déchu du bénéfice de l'enchère et que l'acquéreur est propriétaire incommutable, moyennant le prix stipulé au contrat. En conséquence il condamne le créancier déchu aux frais de la poursuite, et en outre au payement d'une somme égale à celle à laquelle il s'étoit soumis de porter ou faire porter l'objet, en sus du prix conventionnel.

Remarquez au reste que s'il n'y a point eu de revente à l'enchère, et qu'il ne soit question que de procéder à l'ordre et distribution du prix convenu dans l'acte d'aliénation volontaire, on procède à cet ordre et distribution devant le tribunal civil de la situation des immeubles grevés; et s'il y en a de situés sous différens tribunaux civils, on s'adresse à celui sous lequel sont les biens auxquels la matrice du rôle foncier attribue le plus de revenu.

———————

Telles sont en général les dispositions de la seconde loi du 11 brumaire an 7, sur le régime hypothécaire et les ventes forcées d'immeubles : mais au surplus elle n'a aboli les anciennes et précédentes lois, coutumes ou usages, qu'en ce qu'elles auroient de contraire à ses dispositions: toutes ces lois doivent donc lui servir de supplément et de commentaire pour tout ce qui n'est pas opposé aux nouveaux principes; et en effet sans leurs secours elle seroit bien incomplète.

LIVRE IV.

L O I

Sur le régime hypothécaire et les expropriations forcées (1).

Du 11 Brumaire an VII.

Sur une Résolution du 3 Fructidor an VI.

CHAPITRE PREMIER.

De l'expropriation forcée.

ART. Ier. **N**UL ne peut poursuivre la vente forcée d'un immeuble, qu'en vertu d'un titre exécutoire (2), et après

---

(1) Des immeubles : mais pour celles des meubles, l'ordonnance de 1667 continue d'être observée, avec les modifications de la loi du 22 pluviôse, an 7. Au surplus, quoique la loi ne parle que des immeubles corporels, et qu'elle ait omis de rien dire des immeubles incorporels ou fictifs, il faut en appliquer et adapter les dispositions à cette dernière espèce de biens; puisqu'aucune autre loi n'en règle la vente, et qu'il est évident qu'on n'a pas voulu laisser une pareille lacune, en abolissant l'ancienne forme des décrets.

(2) Lorsque le titre exécutoire est un jugement, la demande en cassation ou en requête civile, n'empêche pas de procéder au commandement et à toutes les autres formalités, jusqu'à l'adjudication exclusivement : car ces deux manières de se pourvoir n'arrêtent pas l'exécution. Il en est de même de toute demande en nullité, rescision ou inscription de faux, contre toute espèce de titre exécutoire.

Mais ces diverses manières de se pourvoir contre un jugeun intervalle de trente jours (1), à partir de celui du commandement qu'il est tenu de faire à son débiteur (2).

---

ment ou autre titre exécutoire suspendent l'adjudication définitive de l'immeuble saisi. La raison en est que le préjudice qui en résulteroit contre le poursuivi, seroit irréparable ; car, ou il opposeroit ses moyens de réclamation avant l'adjudication, ainsi qu'il y est tenu, à peine de déchéance (*V. l'art.* 23 *ci-après*) ; et alors l'objet saisi ne se vendroit pas son prix, les acquéreurs ne voulant pas enchérir ce qu'ils ne seroient pas sûrs de conserver ; ou au contraire il garderoit le silence, et alors dans le cas où il obtiendroit à la fin gain de cause, il ne pourroit plus recouvrer l'immeuble, mais seulement exiger des dommages-intérêts ; ce qui n'est pas égal : or, c'est un principe éternel, que les lois n'accordent pas des remèdes illusoires.

(1) *De trente jours* francs et entiers : on ne compte ni le jour du commandement, ni celui où les poursuites ultérieures ont commencé ; autrement il n'y auroit point *un intervalle* de trente jours, comme l'étymologie du mot le fait entendre. D'ailleurs la condition du saisi est favorable. Ajoutons-y la règle, *dies termini non computatur in termino;* et la disposition de l'ordonnance de 1667 (*tit.* 3, *art.* 6). Une raison ultérieure est que si les trente jours n'étoient pas francs et ronds, il faudroit pour les avoir entiers, compter jusqu'aux heures même ; ce qui est une source de chicanes et d'abus, et contrarieroit sur-tout l'esprit de la nouvelle législation, qui ne laisse pas distinguer *l'avant* et *l'après* midi, pour régler la priorité d'hypothèque. (*V. la précédente loi, article* 14, *et les notes*).

Il s'ensuit donc que si le commandement est fait le premier du mois, les poursuites ne seront validement reprises que le deux du mois suivant.

(2) Il est sans doute inutile d'observer qu'on ne peut faire de commandement valable, que pour une dette certaine, liquide, et non suspendue par aucun terme. De plus, s'il s'agit de saisir un immeuble appartenant à un mineur, il faut auparavant discuter le mobilier, et constater qu'il n'existe pas d'autre objet moins précieux. A plus forte raison, si c'est un fonds dotal, dans les lieux où la dot est inaliénable, en vertu de la loi unique, §. 2, *et cùm lex Julia, cod. lib.* 5, *tit.* 13, *de rei uxor. act.*

II. Ce commandement pourra être fait sans l'assistance de témoins (1).

L'original sera visé, dans les vingt-quatre heures, par le juge de paix du lieu où il aura été signifié (2), ou par l'un de ses assesseurs (3), et il en sera laissé une seconde copie à celui qui donnera le *visa*.

---

(1) Si l'huissier s'adjoignoit des témoins, cette formalité ne vicieroit pas le commandement, puisque la loi ne le prohibe pas; mais les frais en seroient réputés frustratoires, puisque la loi déclare cette assistance inutile.

(2) Ou de l'arrondissement; et s'il y a deux juges de paix dans le lieu, l'un pour l'intérieur, l'autre pour l'extérieur (*Loi de* 1790, *tit.* 3, *art.* 2.), celui de l'intérieur visera le commandement fait dans la commune à la personne d'un habitant du canton rural; car la loi dit : *Par le juge de paix du lieu de la signification.* Et certes si le débiteur étoit trouvé et sommé, à vingt lieues de son domicile, comment recourir, dans les vingt-quatre heures à son juge naturel ?

(3) La loi ne veut-elle parler que des cas où le juge de paix seroit absent, ou veut-elle dire que lorsqu'on sera éloigné du lieu de la résidence du juge de paix, il sera permis de s'adresser à l'un des assesseurs le plus prochain ? Je pense que le dernier sens est celui de la loi, soit parce qu'elle ne distingue pas si le juge de paix est absent, ou non, de son poste; soit parce qu'il seroit pénible pour l'huissier de se transporter d'un bout de canton à l'autre, sans utilité réelle. On objecteroit mal à propos que les assesseurs ne remplacent le juge de paix que lorsqu'il est absent; car la loi ne dit pas que c'est en remplacement du juge de paix : l'objection n'est vraie que pour les cas où l'on est tenu d'aller requérir le juge de paix, soit en son domicile, soit en son tribunal : on suppose donc ce qui est en question.

Au surplus, si le juge de paix est à portée, j'estime que c'est à lui qu'on s'adressera; mais par simple déférence, et non avec un soin scrupuleux, à moins de quelque présomption de fraude, que cette circonstance serviroit à fortifier; sinon et hors les cas d'affectation, l'huissier qui du premier abord ne rencontre pas le juge de paix en son logis, peut prendre le *visa* du premier assesseur qu'il trouve, d'autant plus que le juge de paix ou ses assesseurs ne font en cela que les fonctions de témoins authentiques.

Chaque copie doit contenir en tête (1) la transcription entière (2) du titre et la désignation des immeubles dont le créancier en̄ ̄d provoquer la vente (3).

III. Si la vente est provoquée par des créanciers qu'un acquéreur a déclaré ne vouloir rembourser que jusqu'à concurrence du prix stipulé (4), le commandement (5) sera remplacé par une dénonciation judiciaire, que l'acquéreur fera au vendeur de la réquisition desdits créanciers.

Cette dénonciation contiendra sommation de rapporter, dans les dix jours, main-levée des inscriptions excédant le prix de la vente (6).

––––––––––––––––––

(1) Ou à la suite immédiatement : la priorité de rang est manifestement indifférente.

(2) Et exacte : si les huissiers n'oublioient pas que leurs copies sont sujettes à l'inscription de faux, ils en délivreroient moins d'une difformité révoltante.

(3) Je ne crois pas qu'il soit de rigueur de faire cette désignation littéralement conforme à l'ordonnance de 1667 (*tit.* 9, *art.* 3 *et* 4) : car le même motif ne se trouve pas ici comme là. Il suffit donc de déterminer suffisamment les objets, pour que le débiteur prévoie les conséquences de son retard, et l'effet des poursuites auxquelles il s'expose ; car il ne s'agit ici que d'un simple avis.

(4) *V. la loi précédente (articles* 30 *et* 31.).

(5) *Le commandement,* qui devroit être fait au vendeur, soit comme premier obligé et garant de celui à qui il a vendu, soit comme étant réputé n'avoir jamais été dépossédé, au moyen du délaissement fait par l'acquéreur ; car de tout temps, en pareil cas, les deux ventes ont été réputées n'en faire qu'une.

(6) La loi suppose que l'acquéreur, d'après la réquisition des créanciers, s'empressera d'agir pour parvenir à la revente ; mais s'il demeure oisif, et que les créanciers, qui ont intérêt d'accélérer les poursuites, veuillent les exercer eux-mêmes, comme le droit leur en est accordé par l'art. 33 de la loi précédente, quel parti doivent-ils prendre ?.... Il n'est pas aisé de dénouer cette difficulté, que la loi n'auroit

IV. L'adjudication au plus offrant et dernier enchérisseur est publiée et annoncée par des affiches imprimées, contenant (1),

1°. Le lieu, le jour et l'heure où elle sera faite ;

2°. La nature, l'étendue superficielle et la situation (2) des biens à vendre ;

---

pas dû laisser subsister ; mais cependant, puisque dans la pratique on ne peut demeurer en suspens, et qu'on sera forcé de prendre une décision, voici mon avis.

1°. Si l'acquéreur n'a point encore agi, les créanciers peuvent poursuivre de leur chef ; et en conséquence ils feront procéder au commandement qu'ils dirigeront tant contre l'acquéreur que contre le vendeur : contre le premier, pour le mettre en demeure d'opter entre l'acquittement total des dettes et la revente sur enchères ; contre le second, soit afin d'éviter les frais d'une dénonciation que l'acquéreur seroit tenu de lui en faire ; soit parce que la propriété est encore flottante et incertaine entre lui et l'acquéreur : car si la revente n'a pas lieu, l'acquéreur demeure propriétaire ; si elle s'opère, le vendeur est présumé avoir toujours possédé, et la dernière vente vaut seule, ainsi qu'on l'a déjà dit. L'acquéreur et le vendeur sont donc en attendant, propriétaires conditionnels l'un et l'autre ; et l'un et l'autre doivent être intimés.

2°. Si l'acquéreur a fait des poursuites, mais sans être parvenu jusqu'à la notification prescrite par l'article 6, et qui règle la priorité des saisies suivant l'article 11 ; alors les créanciers considéreront s'il leur est plus expédient de commencer d'autres poursuites de leur chef pour tâcher d'acquérir la priorité de saisie, ou de demander à être subrogés aux poursuites encommencées par l'acquéreur négligent : ils ont le choix entre ces deux voies.

3°. Lorsqu'enfin l'acquéreur a déjà notifié les affiches, et qu'on ne sauroit le devancer, les créanciers demandent la subrogation aux poursuites, que l'acquéreur semble n'avoir entamées que pour trainer en longueur.

(1) *Voyez le modèle ci-après, lib. 6.*

(2) *La situation*, par tenans et aboutissans et par le menu ; c'est-à-dire, pièce à pièce. *Voyez l'édit de* 1551, *article 1er.* qui l'ordonne ainsi, et qui n'a point été abrogé à cet

F

3°. L'évaluation des revenus dans la matrice du rôle de la contribution foncière ;

4°. Les nom, profession, domicile du débiteur, et ceux du poursuivant ;

5°. L'état des inscriptions existantes sur l'immeuble au jour du commandement (1) ;

6°. Les conditions de l'adjudication ;

7°. Une mise à prix que le poursuivant sera tenu de faire, et qui tiendra lieu de première enchère ;

8°. L'élection que fera le poursuivant, d'un domicile dans la commune où l'adjudication devra se faire (2).

Si le créancier a laissé écouler le délai de six mois depuis la date du commandement, il ne peut faire procéder à l'affiche qu'après un nouveau commandement, dans la forme et avec les délais prescrits par les articles I et II (3).

égard, puisque le motif est encore en partie le même, aujourd'hui qu'alors.

(1) Il peut en survenir de nouvelles depuis ce jour : car le débiteur aliène validement jusqu'au jour de l'inscription de la saisie au bureau des hypothèques (*Voyez l'article* 8) : or qui peut le plus, peut le moins. La loi n'auroit donc pas dû omettre de parler de ces inscriptions postérieures au commandement : mais puisqu'elle se tait, il me semble que le moyen le plus conforme à son esprit, de suppléer à son silence, est que le poursuivant dresse un nouvel état de ces inscriptions au moins immédiatement après celle à laquelle il est assujetti par l'article 6, pour le plus tard ; qu'il notifie ce nouvel état, soit au saisi, soit aux créanciers, et en dépose copie au greffe ; et qu'enfin il fasse aux créanciers de ces mêmes inscriptions, les mêmes notifications, et sous les mêmes formes, qu'aux autres. Le motif de mon opinion est que le poursuivant est tenu, autant qu'il est en lui, de notifier aux parties intéressées reconnues pour telles, soit la saisie, soit les charges de l'adjudication : car la formalité de l'inscription hypothécaire dispense les créanciers de tout autre soin pour la sûreté de leurs droits.

(2) Cette élection subsiste malgré le décès de celui chez qui elle est établie.

(3) A peine de nullité de tout ce qui s'est ensuivi, puis-

V. L'apposition d'affiches vaut saisie de la propriété des biens qui y sont détaillés.

Elle se fait, 1°. à l'extérieur (1) du domicile du débiteur, et des édifices saisis, s'il y en a; 2°. aux lieux destinés à recevoir les affiches publiques, dans les communes de la situation desdits biens, et de celle du bureau des hypothèques dont ils dépendent; 3°. dans la commune du chef-lieu de canton, et enfin à la porte de l'auditoire du tribunal civil qui doit faire l'adjudication (2).

Il en est déposé un exemplaire au greffe de ce tribunal, pour servir à l'adjudication (3).

VI. Cette apposition est constatée par procès verbaux (4) d'huissier, sans qu'il soit nécessaire de l'assistance de témoin (5). Ces procès verbaux, ainsi que les

---

que la loi dit, *il ne peut*. Mais cette nullité se couvre par le simple silence et à défaut d'être objectée (*Voyez article 23, ci-après.*).

(1) Et à l'endroit accoutumé; c'est-à-dire, sur la porte d'entrée ou tout auprès.

(2) *Voyez l'article 9, ci-après.*)

(3) Et pour tenir lieu de l'ancienne mise de première enchère au greffe.

(4) Dressés sur les lieux, ou sans désemparer, on peut en dresser ou plusieurs, ou un seul par continuation d'opération, selon que les circonstances l'exigent : il n'est pas même requis qu'un même huissier fasse le tout ; ce qui deviendroit quelquefois plus dispendieux, à raison des transports lointains.

(5) Il est vrai que cette formalité étoit devenue illusoire par la dépravation des huissiers ou la négligence coupable des tribunaux: Mais il falloit la rectifier et non la détruire : le *visa* qu'on y a substitué ne remplit pas mieux le but de la loi; il constate bien qu'il existe un procès verbal d'affiches, mais non que les affiches ont été réellement apposées ; tout le monde le voit, et le moindre des huissiers saura bien en saisir le vice. Il faudroit que celui qui donne le *visa* fût garant de la sincérité du rapport : autrement ce n'est là qu'une de ces vaines formalités, qui, par leur autorité légale achèvent d'assurer à la fraude et aux surprises un succès infaillible.

affiches, seront notifiées, et copie en sera laissée tant au saisi qu'aux créanciers inscrits, aux domiciles par eux élus, dans le délai de cinq jours de la date du dernier procès verbal d'affiches : il sera ajouté à ce délai un jour par cinq myriamètres (dix lieues communes) de distance du lieu de la situation des biens à celui du domicile du saisi (1).

Les originaux de ces procès verbaux et des exploits de leur notification, sont soumis au *visa* prescrit par l'article II (2) ; ils doivent être inscrits au bureau des hypothèques de la situation des biens.

VII. Il ne peut y avoir moins de deux décades, ni plus d'un mois, entre la notification prescrite en l'article précédent et le jour indiqué pour l'adjudication (3).

_____

(1) Ou du domicile des créanciers; la raison est la même.

(2) Jugé au tribunal du Cantal, tout d'une voix, le 7 germinal, an 7, que dans les lieux où il réside deux juges de paix, l'un pour le lieu de cette résidence, et l'autre pour l'arrondissement rural; le premier vise tous les procès verbaux d'affiches apposées dans ce lieu, même de celles qui ne le sont qu'à raison de ce que c'est-là le chef-lieu du canton rural. J'étois un des juges par remplacement. (*Voyez l'article* 2, *note* 2.ᵉ).

(3) Lorsque le débiteur vient à décéder ou à changer d'état civil pendant les poursuites et que son décès ou mutation de personne civile sont connus du poursuivant, celui-ci est tenu, à peine de nullité de toute procédure ultérieure, d'assigner les successeurs ou ayans cause du défunt, en déclaration de titre exécutoire et en reprise des poursuites de la vente forcée. Ce sont-là d'anciens principes auxquels on n'a pas dérogé. Mais le cours de la procédure sera-t-il suspendu, ou au contraire les délais réglés par la loi continueront-ils de courir, pendant qu'on vide l'incident ?

Je crois devoir user de distinction, et je pense que les délais du commandement sont suspendus; parce que d'un côté leur suspension n'entraîne aucun inconvénient manifeste, et que d'un autre côté l'impuissance d'agir suspend tout délai donné pour le faire : *contra non valentem agere non currit prœscriptio.* Mais les délais fixés entre l'affiche

VIII. Pendant toute la durée des poursuites, le débiteur reste en possession (1) comme séquestre et dépositaire de justice (2), sans préjudice néanmoins du droit

---

et l'audience d'adjudication, ne sont point interrompus par
le décès ou changement d'état, ni par l'action en reprise;
parce que suspendre ces délais, ce seroit les anéantir et
obliger le poursuivant à recommencer, ainsi qu'on peut
l'inférer de l'article 30, ci-après: les poursuites déjà faites
seroient donc nulles et tomberoient en pure perte, si les
biens étoient insuffisans. Or il est évident qu'on ne doit pas
procurer l'avantage des successeurs du débiteur au préjudice
du poursuivant, et favoriser les uns aux dépens de l'autre.

Observez que toute reprise d'instance est portée au tribunal, devant lequel se poursuit la cause principale, par
la raison qu'elle en est un accessoire.

(1) La loi ne distingue pas s'il est solvable ou non: il
n'est donc pas nécessaire qu'il le paroisse. Néanmoins si
la sûreté des créanciers étoit évidemment compromise, le
propriétaire saisi étant d'une insolvabilité et d'une mauvaise foi notoires, et l'immeuble facile à dégrader, comme
seroit une vigne, un verger, etc. On choisiroit, je pense,
un autre séquestre, ou on exigeroit une caution solvable.
Car la saisie est établie pour conserver les droits des créanciers, et non pour en causer ou avancer la perte: la loi
n'accorde pas des secours pernicieux ou illusoires.

(2) Et par conséquent sous l'obligation de la contrainte
par corps. Et si le débiteur refusoit, il y sera contraint: car
la loi est impérative et non facultative. Il ne paroit pas même
qu'il puisse guères proposer d'excuse valable. Cette charge
n'augmente point ses embarras, puisqu'il ne continue que
de faire ce qu'il faisoit avant la saisie.

Lorsque l'immeuble est abandonné ou le propriétaire incapable, on établit un curateur, s'il n'y en a déjà un de
commis, et il sert aussi de séquestre; pourvu cependant qu'il
paroisse solvable et que ce ne soit pas, comme on dit quelquefois, *un homme de paille:* car l'objet lui étant étranger,
ainsi que la saisie, il n'a ni les mêmes présomptions en sa
faveur, ni les mêmes désagrémens à essuyer d'un dessaisis-
sement.

Au surplus on sait qu'il doit rendre compte des fruits de
clerc à maître.

qu'ont les créanciers de faire procéder à la saisie mobiliaire des fruits (1), conformément aux lois.

(1) Il n'y a donc pas de bail judiciaire dans la saisie des fonds ; il seroit inutile de faire une nouvelle saisie des fruits ; *car saisie sur saisie ne vaut.* Aussi l'article 5 ne parle-t-il que de la *saisie de la propriété* : donnant à entendre par ce dernier mot que les fruits ne sont pas saisis en vertu des affiches. Mais au surplus, soit que les fruits aient été saisis en vertu de la présente disposition ; soit que le propriétaire les ait conservés sans cette nouvelle saisie, *ex æquo et bono*, ils sont un accessoire du fonds et se distribuent par rang d'hypothèque. En effet dès qu'un immeuble est saisi, le propriétaire n'en conserve plus qu'une ombre de possession ; il n'est plus qu'un simple détenteur ; c'est la justice qui en est le vrai possesseur, au nom et au profit des créanciers saisissans : l'objet ne fructifie donc à l'avenir que pour ces derniers. A la vérité le propriétaire qui continue d'exploiter l'immeuble, n'est pas tenu à une reddition de compte de séquestre dans les formes de rigueur, puisque la saisie des meubles seroit alors superflue : mais c'est une pure faveur que la loi lui accorde, supposé que les créanciers, persuadés qu'il jouira en bon père de famille, ne l'en privent point par une saisie de fruits.

Observez que dans les cas de l'article 3, l'acquéreur est maître de rester nanti de l'immeuble, puisque la loi ne l'en dépouille pas : mais il est également libre de le délaisser, puisqu'il n'est pas obligé de continuer l'exécution d'un acte qu'on n'exécute point envers lui. S'il continue d'administrer, on lui appliquera tout ce qui est dit du propriétaire ; puisqu'il est vraiment propriétaire jusqu'à la revente : mais s'il abandonne l'héritage, on est forcé de nommer un séquestre pendant les poursuites ; puisqu'il impliqueroit contradiction qu'après ce délaissement l'acquéreur demeurât propriétaire, et que ce n'est qu'à ce titre qu'il auroit qualité pour exploiter.

Mais on pense bien qu'il seroit très-inutile, et très-contraire à l'esprit de la nouvelle loi, de nommer un curateur aux biens délaissés : aussi ce personnage fantastique a-t-il toujours été pleinement inutile ; et de là vient qu'on se servoit pour cela du premier venu. La raison fondamentale de cette superfluité est, qu'au moyen du délaissement, l'héritage retourne naturellement au vendeur, et qu'il est censé n'avoir jamais changé de maître. Je suis étonné que jusqu'à présent on ait méconnu ce principe, dont on a toujours admis les

Il ne peut faire aucune coupe de bois, ni se permettre aucune dégradation (1), sous peine de dommages-intérêts, au payement desquels il sera contraignable par corps.

Il ne peut, à compter du jour de l'inscription prescrite par l'article VI, de la notification des procès verbaux d'affiches, disposer de la propriété (2), et est tenu, aussitôt la signification du jugement d'adjudication et de sa transcription au bureau des hypothèques, de délaisser la possession.

IX. L'adjudication est faite par le tribunal civil (3) de

———————————

conséquences. Au surplus le vendeur ne sert pas de séquestre naturel ; parce qu'étant déjà dépossédé, les motifs de cette faveur ne subsistent plus.

Appliquez cette doctrine aux cas de toute action hypothécaire.

Notez au reste que les précédentes dispositions de cet article sont une image de ce qui étoit prescrit par la coutume d'Auvergne, titre 24, articles 6, 7, 8 et 9.

(1) La loi en laissant en possession le propriétaire, a entendu qu'il jouit en bon père de famille ; sinon elle n'auroit pas eu cette indulgence. Mais je crains bien qu'il ne cède souvent à la vive tentation de dégrader ce qu'il désespère de conserver : la loi le met dans un danger prochain de prévariquer. La plupart des débiteurs ont un attrait irrésistible à satisfaire de mauvaise foi leurs créanciers : que sera-ce donc lorsqu'ils seront excités à tout moment par la vue de l'objet qui faisoit leur dernière ressource, et dont ils vont être dépouillés ?

(2) La disposition seroit nulle, et non pas simplement illicite ; car celui qui ne possède plus en son nom, et qui est authentiquement dépouillé de la possession de son bien, ne peut transférer un droit qu'il n'a plus. Mais avant cette inscription, l'aliénation, suivie de tradition réelle, seroit valide à l'égard du tiers acquéreur de bonne foi ; puisque la saisie est jusques-là censée ignorée du public : cependant elle seroit criminelle de la part du saisi, qui peut être contraint par corps à réparer les suites de sa mauvaise foi.

(3) Et non par le juge de paix, quelque modique que soit l'objet.

F 4

la situation des biens (1), aux enchères, et à l'extinction des feux.

X. Un créancier ne peut provoquer que successivement la vente des biens de son débiteur, situés dans plusieurs départemens (2), à moins que les biens ne fassent partie d'un domaine exploité ou affermé par une même personne. Dans ce cas, l'adjudication de la totalité desdits biens se fait par le tribunal civil dans le ressort duquel se trouve le chef-lieu d'habitation (3) ou exploitation (4).

Dans le cas où il n'y auroit pas de chef-lieu d'exploitation, la compétence sera déterminée par le mode indiqué en l'article XII.

XI. Si plusieurs créanciers provoquent la vente des mêmes biens, l'adjudication aura lieu sur la poursuite de celui qui aura fait le premier la notification des procès verbaux d'affiches (5).

----

(1) *Mais voyez les articles* 10 *et* 12.

(2) Et par conséquent sous divers tribunaux, puisqu'il n'y a qu'un tribunal civil par département, ni plus ni moins.

Par argument contraire, on peut saisir simultanément tous ceux qui se trouvent dans un même département. Mais cette unité de saisie n'empêche pas d'en faire plusieurs lots, au jour de l'adjudication, et de les soumettre isolément à l'enchère, lorsqu'il est important pour quelqu'un des intéressés qu'on procède par adjudications partielles.

(3) *D'habitation*, destinée à l'exploitation du domaine, mais non de toute autre habitation, que pourroit avoir l'exploitant, et qui en seroit indépendante : cela est sensible.

(4) Par exemple : une grange.

(5) Quoiqu'il soit le dernier pour l'inscription exigée à la fin de l'article 6, laquelle seule seroit réputée, à l'égard d'un tiers acquéreur, avoir dépossédé le propriétaire. La raison de cette différence que met la loi entre un acquéreur et des saisissans, est, que ceux-ci ne possèdent pas eux-mêmes, mais la justice pour eux : il y a donc pour les derniers saisissans, le même possesseur que pour les premiers. De sorte que n'étant point question à leur égard de change-

Si l'un d'eux a compris dans sa poursuite une plus forte quantité de biens , il demeure seul poursuivant (1).

---

ment de possesseur , mais seulement de régler quel sera celui qui exercera les poursuites , on donne la préférence au plus diligent ; les uns ni les autres ne pouvant se prévaloir d'une possession qu'ils n'ont pas , et que la justice a seule en leur nom , pour tous et un chacun.

(1) Quoique dernier saisissant : car , d'un côté, le premier saisissant ne peut pas poursuivre la vente de biens qu'il n'a pas saisis; et de l'autre, il ne faut pas multiplier les frais , et faire deux procédures pour une , sans aucun intérêt notable.

Bien plus , si les créanciers ont saisi en partie les mêmes biens , et en partie des biens différens ; de manière qu'aucune des saisies ne contienne totalement l'autre : alors même , pour épargner des frais, celui qui aura saisi le plus de biens , poursuivra seul , et il sera subrogé de droit aux autres saisissans pour les objets qu'il auroit omis. Tel paroit être le sens de cet article , dans toute son étendue.

Il est palpable que les difficultés qui s'élèveront sur l'exécution de cet article , seront portées devant le tribunal qui doit prononcer l'adjudication.

Au reste , la loi ne dit pas ce que devient la saisie de celui qui est exclu des poursuites par un premier ou plus ample saisissant. Pour moi j'estime d'abord qu'elle se change de plein droit en opposition ; et ensuite je distingue si le créancier est hypothécaire ou ne l'est pas : dans le premier cas, il faut lui appliquer tout ce qui concerne les simples créanciers hypothécaires non saisissans, et s'en tenir là ; car l'inscription qui lui tient lieu d'opposition , le dispense de toute diligence ultérieure ; mais lorsqu'il n'a qu'un titre exécutoire, sans aucune hypothèque, il doit notifier son opposition au poursuivant, si fait n'a déjà été ; l'enregistrer au greffe du tribunal où l'adjudication se poursuit , pour la faire joindre à l'état des charges ; et enfin élire domicile dans la commune où siège le tribunal.

Les mêmes formalités sont à remplir pour tous ceux qui, n'ayant point d'hypothèque, ni peut-être de titre, veulent former une opposition conservatoire de leurs dûs, soit crainte de surprise, soit parce que les opposans sont préférés aux

XII. Lorsque la vente sera poursuivie dans le cas
énoncé en l'article III, elle aura nécessairement lieu (1)
pour la totalité des biens compris dans le même contrat (2), quoique leur exploitation soit divisée (3).

---

non opposans, selon l'ancienne maxime, *Vigilantibus jura
subveniunt.*

Ces décisions sont puisées dans les anciens principes non
abolis.

(1) Et simultanément, comme nous allons le dire.

(2) Parce que le droit des créanciers, d'être payés de
leur créance en entier, ou d'exiger l'abandon des immeubles,
est indivisible : comme aussi l'acquéreur doit conserver tout
ou rien, et il n'est pas tenu de séparer les divers objets grevés, dont l'acquisition de l'un a pu influer sur celle de
l'autre.

De ce raisonnement il s'ensuit que, si les hypothèques ne
s'étendent pas sur la totalité, et que l'acquéreur veuille divi-
ser les objets acquis pour retenir ceux qui ne sont pas grevés,
il a évidemment ce droit : et alors si le prix du contrat étoit
unique et général, on fait une ventilation pour régler ce que
les créanciers offriront en provoquant la revente.

(3) *Et qu'ils ne dépendent pas tous d'un même tribunal :* expression à suppléer dans la loi, qui est ici occupée
d'établir que les biens situés sous divers tribunaux peuvent,
au cas dont elle parle, être vendus simultanément : car si
elle n'eût entendu que les biens situés sous un même ressort,
le dernier membre de la période seroit inutile et vide de
sens. Cette disposition est une exception à l'article 10, qui
ne permet pas de provoquer en même temps, sur un même débiteur, dans plus d'un département, la vente de ses immeubles : exception nécessaire, puisque la vente totale des
biens compris dans un même acte étant inévitable, ainsi
qu'on l'a déjà remarqué, elle épargne aux parties l'embarras
de plusieurs poursuites, elle diminue les frais, et accélère
la rentrée des deniers à provenir de la vente.

Mais dans les autres espèces de ventes forcées, qui se font
directement sur le débiteur originaire, et non par suite
d'aliénation d'immeubles hypothéqués, il est possible que
les biens saisis dans un seul département suffisent pour
satisfaire les créanciers; et il seroit alors injuste et cruel

L'adjudication sera faite par le tribunal civil dans l'arrondissement duquel se trouvera située la partie des biens à laquelle la matrice du rôle de la contribution foncière attribue le plus de revenus.

XIII. Aussitôt que les enchères seront ouvertes (1), il sera allumé successivement des bougies préparées de manière que chacune ait une durée d'environ cinq minutes (2).

XIV. S'il s'éteint deux bougies sans qu'il soit survenu d'enchère qui ait porté le prix à plus de quinze fois (3) le revenu auquel le bien est évalué par la matrice des rôles de la contribution foncière, le tribunal sera tenu de remettre l'adjudication à vingt jours au moins, et trente jours au plus ; pendant lequel temps le poursuivant fera apposer et notifier de nouvelles affiches dans les formes ci-dessus (4).

---

d'en saisir d'autres : car rien ne nuit autant à la fortune d'un particulier que les saisies immobiliaires, qui entraînent presque toujours sa ruine, et qu'on doit par conséquent restreindre le plus qu'il est possible.

Au surplus il n'est en aucun cas nécessaire que le total des biens soit vendu en un seul bloc, et par une seule et unique adjudication : la loi ne l'exige pas. On peut donc en faire autant d'adjudications partielles que l'intérêt des parties le demande,

(1) Au jour indiqué par les affiches, et sans qu'il soit besoin de citation : la signification prescrite par l'article 6 en tient lieu.

(2) Plutôt plus que moins : car le plus ne nuit à personne, et le défaut de durée au contraire peut être préjudiciable ; et même former une nullité s'il étoit constant, sur-tout dans les cas prévus par l'article qui suit.

(3) Il ne suffit pas d'égaler, il faut excéder ; la loi dit *plus de 15 fois.*

(4) Mais que décider s'il s'éteint deux bougies sans aucune enchère, et que cependant l'immeuble se trouve porté à plus de 15 fois le revenu par la première mise à prix ? Je réponds qu'il n'y a pas lieu à la remise ; parce qu'il est pos-

XV. Dans le cas où, soit à la première séance, soit à la subséquente (1), il y auroit des enchères pendant la durée des deux premières bougies (2), il en est allumé successivement jusqu'à ce qu'il s'en soit éteint une sans qu'il soit survenu de nouvelle enchère, et l'adjudication est prononcée sur le champ au profit du dernier enchérisseur (3).

---

sible que le manque d'enchère aux deux premières bougies provienne de ce que l'immeuble auroit été porté à sa juste valeur par la mise à prix ; et que dès lors le motif de la loi, tiré de la présomption de vilité du prix n'existe plus.

(1) *A la subséquente* ; s'entend lorsqu'il y a eu remise, ainsi qu'il est réglé par l'article précédent.

(2) Et que, si c'est à la première séance, le prix ait été élevé à plus de 15 fois le revenu fixé par la matrice du rôle. (*Voyez l'article précédent, qui ne doit pas être mis en contradiction avec celui-ci*).

(3) Sur la mise duquel s'est brûlée une bougie entière sans nouvelle mise. Il résulte donc de cet article, qu'aucune adjudication ne peut être prononcée qu'après trois feux, pour le moins.

Mais si à l'instant on découvre que le dernier enchérisseur est notoirement insolvable, il est évident que le tribunal ne doit pas prononcer l'adjudication, ainsi que nous l'observerons sur l'article 19. On allumera donc de nouvelles bougies, jusqu'à ce qu'il s'en éteigne une autre sans aucune enchère ; puisque la dernière enchère étant nulle, est censée non avenue. Il en seroit de même quoique l'adjudication vînt à l'instant d'être prononcée : car un tribunal est maître de réformer ses décisions jusqu'à ce qu'il ait levé la séance ou diverti à des occupations étrangères.

On prétendroit en vain que les enchères antérieures ont été anéanties par celle de l'insolvable, et qu'il faut recommencer l'opération en entier : car la dernière enchère n'anéantit les précédentes que lorsqu'elle est irrévocablement reçue ; et c'est ainsi que s'entend la *loi* 14, §. 2, *ff de in diem addictione* : c'est alors que si l'enchère ne peut parvenir à effet, on procède, ou par folle enchère, ou par nouvelle opération, si la première étoit nulle.

Pareillement l'avant-dernier enchérisseur prétendroit

XVI. Les enchères ne peuvent être moindres de 25 fr.
lorsque la première mise à prix excède 2,000 francs, ni
moindres de 5 francs pour les objets inférieurs (1).

XVII Au jour indiqué pour la remise ordonnée par
l'article XIV, le tribunal après l'extinction de trois feux
consécutifs (2), prononce l'adjudication définitive à celui qui a fait l'offre la plus avantageuse, quoique inférieure à quinze fois le revenu fixé par la matrice des rôles de la contribution foncière (3).

---

sans succès demeurer adjudicataire au défaut de l'insolvable : car on n'est adjudicataire que par l'extinction d'une
bougie sans nouvelle mise, et ce n'est pas sur lui que la
dernière s'est éteinte.

Faisons une dernière observation ; savoir, que si pendant
la dernière bougie il s'élève contestation sur l'insolvabilité du
dernier enchérisseur, il nous paroit que les juges doivent
éteindre la bougie jusqu'à ce qu'ils aient vidé le différent. Et
si l'enchérisseur n'est pas reconnu pour insolvable, la bougie
sera rallumée, et son extinction sans nouvelle enchère sera
fatale : Mais si l'enchérisseur est rejeté comme insolvable, on
allumera une nouvelle bougie entière, pour prononcer l'adjudication sur le précédent enchérisseur, s'il n'en survient
aucun autre.

(1) Et cela malgré le consentement contraire, soit du débiteur, soit des créanciers: car les assistans sont intéressés
à ce que l'adjudication se fasse avec célérité, et que leurs enchères ne soient pas trop facilement couvertes.

Je trouve un peu rigoureux que la contravention à cet article annulle, seule et par elle-même, l'adjudication : mais
la loi du 9 floréal, an 2, et le dernier membre de l'article 23,
ci-après, me détermineroient irrésistiblement à prononcer la
nullité, quoique malgré moi.

(2) *De trois feux consécutifs;* sous-entendez: *sur le dernier desquels il ne soit survenu aucune enchère :* car il seroit absurde de dire qu'après trois feux, sur chacun desquels
il y auroit des enchères, on adjugeât l'immeuble, et qu'on
ôtât ainsi aux enchérisseurs la faculté de surenchérir encore.
D'ailleurs cet article seroit en contradiction avec l'article 15,
qui exige une extinction de feux sans nouvelle enchère.

(3) Faites bien attention que quand on a ordonné une remise,

XVIII. Lorsque l'adjudication est poursuivie sur la soumission d'un créancier d'augmenter le prix d'une vente volontaire, la somme à laquelle ce dernier s'est obligé de porter ou faire porter l'immeuble, sert de première enchère.

Si, au jour annoncé pour l'adjudication, il se présente des enchérisseurs, l'immeuble est adjugé à celui qui a fait l'offre la plus avantageuse.

Dans le cas contraire (1), elle est faite au profit du créancier provoquant, pourvu qu'il la requière (2) : s'il ne se présente point, ni personne pour lui, à l'effet de la requérir, le tribunal déclare, après l'extinction de trois feux consécutifs, que ce créancier demeure déchu du bénéfice de son enchère(3), et que l'acquéreur continue de demeurer propriétaire, moyennant le prix stipulé dans son contrat (4); il condamne celui qui aura provoqué la

en vertu de l'article 14, le tribunal au jour indiqué, adjuge l'immeuble sur le premier feu qui s'éteint sans enchère, après les deux premiers brûlés, quoique le prix soit encore inférieur à 15 fois le revenu fixé par la matrice du rôle, et quand même il n'y auroit eu aucune enchère, ni à la première, ni à la seconde séance : ainsi on ne prononce jamais de double remise.

(1) Lorsqu'aucun enchérisseur ne survient.

(2) Encore que le prix soit au-dessous de 15 fois le revenu présumé.

(3) Cette décision est irrévocable, pourvu que la procédure soit régulière : car le droit d'exiger une revente, et de ne pas s'en tenir au prix stipulé, est une faveur, et la comparution, une condition de cette faveur : or il est de principe qu'on demeure déchu d'une faveur dont on n'a pas rempli toutes les conditions. D'ailleurs la déchéance prononcée ici par la loi est fondée sur le seul fait de non comparution du créancier provoquant : le premier juge n'ayant donc à juger que ce seul fait, l'appel seroit oiseux, dès que le créancier a été légalement appelé; puisqu'alors on a évidemment jugé comme on devoit le faire. Il en est de même de l'opposition, et par les mêmes motifs.

(4) Et en payant ce prix il demeure affranchi de toute hy-

vente, aux frais de la poursuite, et en outre à payer, comme excédant du prix, la somme à laquelle il s'étoit obligé de porter ou faire porter l'immeuble, en sus du prix conventionnel (1).

Le tout sans qu'il y ait lieu à aucune remise, quel que soit le montant du prix ou celui des enchères.

XIX. Tout citoyen peut enchérir (2) par lui-même ou

---

pothèque : mais s'il y manque, les créanciers font revendre à la folle enchère (*Voyez l'article* 24.).

Nous avons remarqué sur l'article 30 de la précédente loi, ce qu'on doit entendre par le prix stipulé dans le contrat, lorsqu'il y a eu des payemens déjà faits.

(1) Cet excédant du prix à quoi est condamné le créancier provoquant qui fait défaut, est une espèce d'amende pour tenir lieu à l'acquéreur provoqué, de dommages-intérêts et le dispenser d'en justifier. Il appartient donc en propre à l'acquéreur, et les créanciers quelconques n'y ont aucun droit : en effet ce qui est un *excédant* du prix, ne fait point partie d'icelui ; or il est incontestable que les créanciers qui ne font pas revendre n'ont droit qu'au prix. Et certes, à quel titre réclameroient-ils cet excédant? non pas à titre de revente, puisqu'il n'y en a pas, et que la peine même en est une preuve: encore moins en vertu de l'offre à eux faite du prix du contrat, puisque cet excédant n'en faisoit point partie.

Observons en passant que cette amende ne préjudicie point à l'action des plus grands dommages-intérêts, si l'acquéreur justifie en éprouver.

(2) *Tout citoyen peut enchérir:* la loi veut dire. 1°. Qu'il n'est pas nécessaire d'être créancier pour être admis à enchérir; les non-intéressés en ont égal droit dans tous les cas. Ce qui est une dérogation à l'ancienne jurisprudence qui n'admettoit pas les étrangers à enchérir dans les reventes provoquées par les créanciers contre l'acquéreur qui cherchoit à purger les hypothèques. 2°. Qu'il n'est pas requis d'offrir une responsabilité apparente et assurée; il suffit que l'enchérisseur ne paroisse point insolvable.

Mais au surplus la loi n'a pas prétendu habiliter à enchérir différentes personnes qui en ont été de tout temps exclues pour des motifs puisés dans les règles de la sagesse, du bon ordre, et de l'équité. De ce nombre sont les personnes nopar autrui. Ceux qui enchériront pour un tiers ne peuvent être contraints de justifier de leurs pouvoirs ; mais ils sont tenus de faire au pied du procès verbal d'adjudication, dans les vingt-quatre heures qui la suivront, leur déclaration en command ; faute de quoi ils seront réputés adjudicataires directs, et tenus, comme tels, de satisfaire à toutes les charges et suites de l'adjudication (1).

XX. Le saisi ne peut se rendre adjudicataire (2) : toute déclaration de command qui seroit faite à son profit, est nulle ; toute personne qui se seroit rendue adjudicataire pour lui, demeurera personnellement et directement responsable de tous dépens, dommages et intérêts, au payement desquels elle sera contrainte par corps.

Ceux qui se seroient rendus adjudicataires pour le compte des personnes notoirement insolvables (3), en demeureront garans et responsables en leurs propres et privés noms, nonobstant la déclaration de command.

XXI. Les frais pour parvenir à la vente et adjudication, sont à la charge de l'adjudicataire (4), et par lui

---

toirement insolvables, et les juges qui président à l'adjudication : il est à présumer que les premiers agissent par fraude ; et il seroit dangereux que l'intérêt personnel ne fît oublier aux autres leur devoir.

Un inconnu est présumé insolvable ; ainsi qu'un homme dont la réputation est flétrie et la fortune non apparente.

(1) En outre si après ce délai, ils cèdent l'adjudication à celui pour qui ils prétendent avoir acquis, il en résultera un nouvel acte d'aliénation sujet à de nouveaux droits bursaux.

(2) Il seroit ridicule en effet que celui qui n'a pas de quoi payer, se chargeât de le faire.

(3) Lorsqu'ils paroissoient solvables en acceptant la déclaration de command, celui qui avoit agi pour eux a été pleinement déchargé, quoiqu'ils se trouvent insolvables dans la suite : on n'a pas dérogé aux anciens principes là-dessus ; il suffiroit même qu'ils fussent ou parussent solvables avant l'adjudication.

(4) Et augmentent le prix d'autant.

payés

payés au poursuivant, dans la décade de l'adjudication (1).

XXII. L'adjudication doit être transcrite, à la diligence de l'adjudicataire, sur les registres du bureau de la conservation des hypothèques de la situation des biens, dans le mois de sa prononciation. Il ne peut, avant l'accomplissement de cette formalité (2), se mettre en possession (3) des biens adjugés, et, après l'expiration du mois, les créanciers non remboursés (4) ont aussi la faculté, même sans attendre l'échéance du terme d'exigibilité de leurs créances (5), de faire procéder contre l'adjudicataire, et à sa folle enchère, à la revente et adjudication des biens, dans les mêmes formes et délais qu'à l'égard du saisi (6); sauf que le commandement sera

_____

(1) A peine de contrainte par corps, à cause du quasi-contrat judiciaire. D'ailleurs ces frais ne sont pas moins favorables que le principal, pour lequel il y a contrainte par corps (*V. l'article précedent.*).

(2) Même avant l'expiration du mois (*Voyez la note suivante.*).

(3) C'est-à-dire, expulser le saisi, n'ayant point encore de qualité suffisante. Car pour être capable de revendiquer, il faut avoir la possession et une possession légale : or jusqu'à la transcription, celle de l'adjudicaitare n'est pas reconnue pour telle: c'est cette formalité seule qui lui attribue ce qu'on appelle *jus in re :* il n'a auparavant que *jus ad rem.*

(4) *Non remboursés* ; mais colloqués en ordre utile : ceux qui ne le sont pas, n'ont aucun intérêt; non plus que ceux qui ont été satisfaits.

(5) Ceci suppose que la vente judiciaire ne rend point par elle-même la créance exigible, et que si elle étoit à termes, elle continue de n'être payable qu'à leur échéance. L'article 15 de la précédente loi y est précis.

(6) Mais l'adjudicataire peut purger son retard en offrant de satisfaire les créanciers sans délai ni terme : et c'est pour cela qu'on lui accorde un espace de trente jours, entre le premier avertissement et les affiches.

Nous avons dit, *sans délai ni terme :* car l'adjudicataire

G

remplacé par une dénonciation du certificat délivré par le conservateur des hypothèques, que la transcription du jugement d'adjudication n'a point été faite (1).

XXIII. Le saisi ni les créanciers (2) ne peuvent exciper contre l'adjudicataire, d'aucun moyen de nullité (3), ou

---

étant une fois convaincu d'infidélité à remplir ses obligations, les créanciers sont en droit de se méfier de lui et de craindre de nouveaux manquemens: d'ailleurs l'adjudicataire doit être regardé, vis-à-vis d'eux, comme déchu de son adjudication par le seul fait du manquement, puisque la loi autorise à commencer de plein droit une nouvelle vente, sans faire au préalable juger la déchéance. Il ne peut donc éviter d'abandonner l'immeuble que par une voie indirecte et en les mettant sans aucun intérêt.

(1) Il est sousentendu que cette dénonciation est sujette à toutes les formalités du commandement qu'elle remplace, puisque la revente se fait dans *les mêmes formes et délais* que la première adjudication.

(2) Remarquez que la loi ne parle que *du saisi et des créanciers* : en effet il en est autrement des tiers propriétaires dont les immeubles ou accessoires immobiliers, auroient été vendus, soit en tout, soit en partie : car aujourd'hui la vente judiciaire ne purge point la propriété (*si ce n'est à l'égard du saisi*); mais simplement les hypothèques et priviléges, comme on va le voir dans l'article 25; ainsi la nullité fondée sur ce que la vente a été faite, *super non domino*, ne se couvre pas (*Voyez l'article 25 et les notes.*).

(3) Ces moyens sont de deux sortes; ceux qui regardent la forme, et ceux qui concernent le fond. Les nullités de forme résultent de ce que le titre en vertu duquel est faite la saisie n'est pas exécutoire; ou de ce que l'expédition n'est pas en règle; ou de ce que le saisi étoit incapable d'agir et en même temps dépourvu de curateur : ou de ce que les poursuites ont été faites dans des jours prohibés, etc.

Les nullités du fond se tirent, ou de ce qu'on n'a jamais rien dû et que le titre est faux; ou de ce que l'on a acquitté les obligations pour lesquelles la poursuite est exercée; ou de ce qu'elles sont suspendues par un terme non expiré, ou une condition non échue, ou par une action en nullité ou cassation; ou de ce que l'objet n'en est pas liquide; ou de ce

omission de formalités (1) dans les actes de la poursuite, qu'autant qu'ils les auroient proposés à l'audience où l'adjudication aura eu lieu (2), sauf

---

que le poursuivant n'a pas satisfait à un préalable dont il étoit tenu; ou enfin de ce que le titre obligatoire est détruit et anéanti, soit par la prescription, soit par un titre contraire.

Ces moyens de nullité peuvent tous, sans exception, être opposés par le saisi : ils peuvent également l'être par les créanciers avant le jour d'audience d'adjudication : car les créanciers ont intérêt de ne pas laisser instruire une procédure vicieuse, qui venant à être annullée à l'audience d'adjudication, retarderoit le recouvrement de leur dû.

Mais le jour de l'adjudication étant arrivé, la plupart de ces vices ne peuvent être allégués par les créanciers ; savoir, tous ceux qui étant entièrement couverts par l'adjudication, n'influent aucunement ensuite sur l'ordre de collocation ni sur la distribution des deniers : par exemple, si le droit du poursuivant n'est que suspendu par un terme ; car les créanciers n'ont alors aucun intérêt pour recommencer une nouvelle procédure qui ne feroit que retarder sans aucun fruit, la rentrée de leurs deniers. Quant à ceux de ces moyens de nullité, qui ne sont pas couverts par le jugement d'adjudication, ou qui retarderoient ensuite la distribution du prix par les incidens qu'ils feroient naître, ou rendroient incertain le nombre ou le montant des collocations, les créanciers conservent encore jusques-là le droit de les opposer : ainsi ils sont admissibles à faire régler si la créance du poursuivant est liquide, si elle est éteinte, etc.

(1) Ces omissions de formalités rentrent dans les moyens de nullité dont nous venons de discourir.

(2) Il ne faut pas trop généraliser cette disposition ; et il y a certains vices de forme, qui ne se couvrent pas, à défaut d'être proposés avant l'adjudication ; je veux parler de ceux qui auroient pu faire ignorer, soit au saisi, soit aux créanciers, toutes les poursuites qui ont été faites. C'est la distinction que fait sagement Pigeau (*tom.* 1, *pag.* 781, *al.* 2) sur les ci-devant décrets d'immeubles, qui avoient encore plus d'efficacité que les ventes judiciaires actuelles, pour purger les droits des non opposans, puisqu'ils les dépouilloient même de la propriété. Voici ses propres termes : *Mais si les for-*

l'appel (1) tant du jugement intervenu à cet égard que de celui d'adjudication, si l'on opposoit à ce dernier quel-

---

malités (établies pour avertir les non opposans) n'ont pas été observées, comme les lois ne permettent d'adjuger et ne donnent au décret la vertu de purger, que sous la condition, et dans la supposition qu'elles le soient; si cela n'est pas, ceux auxquels cette inobservation a fait ignorer la poursuite, et qu'elle a mis dans l'impossibilité de veiller à la conservation de leurs droits, ont réellement à se plaindre, et peuvent se pourvoir contre le décret; autrement un créancier, de concert avec son débiteur, feroit adjuger précipitamment, et sans formalité, le bien de celui-ci, afin que les autres créanciers n'en fussent pas avertis, et ne fussent payés qu'après lui.

Mais au surplus, quoique le saisi ne dût rien, s'il a été légalement averti, et qu'il laisse procéder à l'adjudication, il demeure irrévocablement dépouillé de sa propriété, sauf à en réclamer le prix. La différence entre lui et un étranger, à cet égard, vient de ce que les étrangers ne sont pas directement avertis, et que la publicité des affiches n'est pas assez grande pour qu'elles doivent être réputées connues, même de ceux à qui elles ne sont pas notifiées.

Ajoutons que si les poursuites sont annullées pour nullités du fonds, le poursuivant sera condamné aux dommages-intérêts du saisi; mais non s'il ne s'agit que de vices de forme, à moins que la procédure ne fût vexatoire.

(1) Le législateur s'exprime ici d'une manière ambiguë : on ne décidera pas sans peine si l'appel a lieu, ou non, pour les objets d'une valeur inférieure à 1,000 fr. D'un côté, la loi est absolue, et dit en général, *sauf l'appel*, ne faisant aucune distinction pour les saisies d'immeubles de la plus modique valeur : sa disposition paroît précise.

Mais d'un autre côté, on opposera, 1°. que d'après la loi du 16 août 1790 (*tit.* 4, *art.* 5), l'appel des tribunaux civils n'est admis que lorsque l'objet litigieux excède 1,000 fr. en capital, ou 50 fr. de revenu déterminé. Cette disposition générale n'a pu être abolie en matière de saisie d'immeubles, que par une dérogation expresse. 2°. Qu'en matière des ci-devant décrets, les tribunaux gardoient leur compétence ordinaire, pour juger en premier ou en dernier ressort : les appels ne sont pas plus favorables aujourd'hui qu'ils ne l'éque nullité, ou l'omission de quelqu'une des formalités prescrites (1).

---

toient alors, bien au contraire. 3°. Que la disposition du présent article ne paroît précise qu'au premier coup d'œil, et abstraction faite de tout autre loi ou jurisprudence; mais il est de principe inviolable qu'on ne peut isoler les lois l'une de l'autre, et que pour en faire une juste application, il faut lier les dernières aux premières.

J'embrasse la dernière opinion, jusqu'à ce qu'une loi en décide autrement; ce que je ne présume pas.

(1) Il résulte donc de cet article, 1°. qu'on peut interjeter appel, tant du jugement d'adjudication, que des jugemens antérieurs, concernant la validité ou régularité des poursuites (*cependant voyez la note précédente*). Il en résulte, 2°. que néanmoins l'appel n'est admissible que lorsque les vices qu'il a pour objet, ont été opposés à l'audience d'adjudication, s'ils sont antérieurs. 3°. Par égalité de raison, l'on peut aussi, pour les mêmes vices, se pourvoir en requête civile, ou en cassation, après qu'on a épuisé en vain la voie de l'appel. 4°. Quant à l'opposition de la part des défaillans, pour décider si elle a lieu, on distingue si les formes légales ont été violées ou non. Dans le premier cas, l'opposition doit valoir; parce que le défaillant est présumé surpris; mais dans l'autre cas, elle n'est jamais recevable, ni pour les nullités ou irrégularités antérieures à l'audience d'adjudication, puisqu'elles ont dû être opposées avant le jugement, d'après le présent article; ni pour les vices du jugement d'adjudication; car c'est un principe en jurisprudence, que l'opposition n'est accueillie qu'autant que celui qui a fait défaut est excusable, et a pu être trompé. De là vient que d'après l'ordonnance de 1667 (*tit.* 35, *art.* 3), on n'est pas reçu à former opposition à un défaut obtenu à tour de rôle; parce que le rôle étant public, le défaillant est inexcusable : or, les formalités d'une vente judiciaire d'immeubles sont bien plus notoires et plus authentiques, et ne laissent pour le défaillant aucune présomption d'erreur ou de surprise.

Je conviens cependant que cette jurisprudence est un peu subtile et rigoureuse, et que ce qui n'exclut pas de l'appel, ne devroit pas faire déchoir de l'opposition.

Nous ferons une dernière remarque sur cet article; savoir,

XXIV. Faute par l'adjudicataire de satisfaire aux conditions de l'adjudication, et de payer les créanciers aux termes et de la manière qu'ils y ont droit, il sera procédé contre lui à la revente et adjudication sur folle enchère (1), en vertu de l'extrait du jugement d'ordre contenant la collocation utile du créancier (2).

CHAPITRE II.

Des revendications.

XXV. L'adjudication définitive ne transmet à l'adjudicataire d'autres droits à la propriété que ceux qu'avoit le saisi (3).

---

qu'on n'est tenu d'opposer à l'audience aucun des défauts de forme qui s'y commettent. Il seroit souvent abusif, quelquefois pernicieux, et toujours indécent de se plaindre, à la barbe du juge devant qui l'on comparoit, de son peu de lumière, ou d'attention, ou de probité, et de faire naître une querelle personnelle entre le juge et la partie.

(1) La revente à la folle enchère se poursuit contre l'adjudicataire, dans les mêmes formes et avec les mêmes délais que la première adjudication contre le saisi (*V. l'art.* 22). L'adjudicataire peut cependant réparer ses torts et arrêter la revente, en offrant de satisfaire à plein les créanciers, sans terme ni délai (*V. la note pénultième sur l'art.* 22).

(2) Cet extrait tient lieu de titre et le poursuivant n'a pas besoin d'en signifier d'autre à l'adjudicataire.

(3) La vente judiciaire des immeubles n'a donc plus, comme jadis, la vertu de purger le droit de propriété, ni ceux qui en font partie ; tels qu'un droit d'usufruit, etc. Aussi-bien le propriétaire saisi n'est-il point aujourd'hui réellement dépossédé ; condition essentielle dans les ci-devant décrets, pour qu'ils introduisissent la fin de non recevoir contre le propriétaire, dont les biens avoient été confondus avec ceux du saisi, et qui avoit manqué de former à temps son opposition à fin de distraire.

Mais cette vente éteint toutes les hypothèques et les priviléges (*Voyez ci-après l'article* 35.). En effet si elle ne

L'action en revendication soit de la propriété, soit de l'usufruit des biens adjugés, se prescrira uniformément (1) par le laps de dix années, à compter du jour de la transcription du jugement d'adjudication au bureau des hypothèques, et de la première perception des fruits (2).

---

les purgeoit pas, on seroit réduit, ou à ne pouvoir jamais les éteindre, ou à recourir aux formalités prescrites par les articles 30 et 31 de la précédente loi, et par conséquent, à revenir à de nouvelles enchères; ce qui ne finiroit plus, et feroit un cercle éternel. On n'en excepte pas même celles des droits non ouverts. (*Voyez ce qui a été dit sur la loi précédente, article* 21).

Au surplus en cas d'éviction, l'adjudicataire n'a aucune garantie contre le saisi : car la garantie suppose une présomption de fraude ou de faute quelconques ; et le saisi n'ayant pas coopéré à l'aliénation, rien ne lui est imputable : mais l'adjudicataire recouvre le prix des mains de ceux qu'il auroit payés ; car il doit avoir ou la chose ou le prix.

(1) *Uniformément*; c'est-à-dire, à l'égard de tous créanciers, majeurs, mineurs, femmes, absens, etc. Parce que cette prescription tient lieu de l'ancienne purification de propriété, qui avoit lieu dès l'instant de l'adjudication, contre tous non opposans, quel que fût leur privilége. *On ne considère nullement quels étoient ceux qui avoient ces droits ; les mineurs, pourvus ou non de tuteurs ; les femmes mariées ; les absens ; en un mot, les établissemens et les personnes qui méritent le plus l'appui de la justice, les perdent* (leurs biens) *faute de s'être opposés* (ou d'avoir agi); *sauf leur recours contre les tuteurs, maris, et administrateurs qui ont négligé de le faire.* (*Pigeau tom.* 1, *page* 779, *alin.* 2.). Je n'excepte même plus aujourd'hui ceux dont les droits ne sont point encore ouverts : car l'esprit de la loi est d'assurer une propriété incommutable aux acquéreurs ; et c'est pour cela que par l'article 21 de la précédente loi, ils sont assujettis à l'inscription pour l'hypothèque. Il y a même motif pour l'interruption de la prescription.

(2) Deux choses concourent indivisément, *la transcription* du jugement, et *la perception* des fruits ; l'une sans

Les droits de passage (1), droits de vue (2), et les autres services fonciers occultes (3), même ceux patens dont l'exercice n'est point continu (4), ainsi que les prestations

---

l'autre ne vaut point. De sorte que la transcription du jugement qui dépossède entièrement le saisi et vaut à son égard tradition réelle pour l'adjudicataire, n'a pas le même effet pour fonder la prescription; laquelle ne prend son cours que depuis l'appréhension corporelle et non équivoque de l'immeuble, selon cette ancienne maxime, *sine possessione prœscriptio non procedit.*

(1) Le passage compté ici parmi les servitudes occultes, est celui dont il ne subsiste rien d'apparent après son exercice ; comme, pavé, murailles, fossés pratiqués exprès : car alors la servitude seroit apparente (*Voyez ci-après.*).

(2) Cette expression, *droits de vue*, est équivoque : tantôt elle signifie le simple droit de prendre du jour par une fenêtre ou lucarne, ouverte à cette fin ; tantôt celui de voir plus clair ; tantôt celui de voir plus loin, ou de jouir d'une perspective. Il n'est pas douteux que ce n'est point dans le premier de ces trois sens que la loi l'emploie : mais dans les deux derniers ; puisqu'il ne s'agit que de servitude occulte. Les Romains ne tomboient pas dans la même ambiguité ; ils distinguoient ainsi ces divers droits : *jus luminis ; jus ne luminibus officiatur ; jus praspectûs.*

(3) Les servitudes *occultes*, ou latentes, ou invisibles, se distinguent des servitudes *patentes*, ou apparentes, ou visibles, non par l'exercice qu'on en fait, dont les actes peuvent être ou n'être pas sensibles et apparens dans les unes comme dans les autres : mais par les marques ou les traces permanentes et extérieures de cet exercice, ou par les ouvrages y destinés. Ainsi le simple droit de passage est mis par la loi au nombre des servitudes occultes; et cependant l'exercice en est très-visible. Au contraire le droit de conduire les eaux dans un puisard par un canal extérieur et recouvert, est compté parmi les servitudes apparentes par les jurisconsultes, quoique l'exercice en soit secret.

Il y a des servitudes qui n'ont rien d'apparent : tel est le droit de perspective, *jus prospectûs.*

(4) Je me suis creusé le cerveau, et peut-être en vain, pour deviner le vrai sens de cette disposition, *même ceux*

réelles non rachetables , s'ils n'ont été expressément ré-

---

patens dont l'exercice n'est point continu. En effet si par servitudes patentes on entend celles qui ont quelque chose de permanent et de réel indépendamment de tout acte d'exercice, comme nous l'avons déjà expliqué ; c'est bien mal à propos que la loi paroit restraindre la prescription à celles dont l'exercice n'est pas continu : car peu importe l'exercice ou le non exercice de servitudes qui subsistent et continuent indépendamment de tout usage et par elles-mêmes : qu'une pareille servitude soit exercée ou non , le grevé ne la voit pas moins , et n'est pas moins en mauvaise foi : il ne doit donc ni plus ni moins prescrire dans les dix ans. Mais si on appelle servitudes patentes celles dont les seuls actes sont apparens et visibles , et dont il ne reste aucune trace après l'exercice , la loi est en contradiction , et avec tous les principes connus , et avec elle-même ; puisque le passage seroit alors une servitude patente et non occulte.

Le seul moyen donc de ne rien trouver d'absurde dans la loi, me semble être de dire qu'elle n'a parlé des servitudes apparentes d'un usage discontinu, que comme pouvant faire plus de difficulté. En effet, il y a telles de ces servitudes dont la discontinuité d'exercice est si grande qu'elles peuvent quelquefois n'être pas exercées, ou même exerçables, dans vingt, trente, ou quarante ans; et l'on pouvoit douter avec raison , si elles seroient prescrites par un non exercice de dix ans. La loi a décidé l'affirmative , par suite du même principe qui oblige à se pourvoir pour acquérir et conserver l'hypothèque des droits non encore ouverts, ainsi qu'on l'a vu ci-devant. Et ce n'est point ici l'application de la règle, *Contra non valentem agere non currit præscriptio.* Car le possesseur de la servitude a pu et dû exercer une quasi-revendication, c'est-à-dire, une action conservatoire, soit avant l'adjudication, soit depuis.

Et certes il seroit assez bizarre qu'une servitude apparente dont l'usage est continu, qui n'auroit jamais été exercée depuis l'adjudication, ni même avant, de la connoissance de l'adjudicataire, fût imprescriptible par les dix ans; tandis qu'une autre, dont l'usage n'est que discontinu, et dont l'adjudicataire auroit vu des actes depuis sa possession, ne le seroit pas : l'adjudicataire dont la bonne foi seroit la plus douteuse, auroit donc le plus de faveur;

Concluons donc que toutes sortes de servitudes , soit oc-

servés dans l'état des charges d'adjudication (1), se pres-
crivent par le même laps de dix années, à compter du
jour où leur exercice aura entièrement cessé (2).

cultes ou apparentes, soit continues, ou discontinues, se
perdent par dix ans de non exercice, après une vente judiciaire.

Telle est donc mon opinion : je n'ignore pas qu'il est
possible d'en former une autre, et de prétendre que la loi n'a
voulu laisser prescrire dans dix ans qu'avec bonne foi ; qu'elle
a donc prétendu distinguer les servitudes apparentes, dont
l'usage est continu, des servitudes apparentes discontinues
et des servitudes occultes, l'exercice des premières étant
impossible à ignorer, et non celui des autres. Mais cette
opinion ne satisfait pas ; car 1°. la bonne foi ne se présume
pas plus dans les services apparens discontinus, puisqu'ils
sont assez visibles d'eux-mêmes, sans aucun acte d'exercice.
2°. La loi auroit excepté les cas où les services apparens con-
tinus ont cessé d'être exercés avant l'adjudication. 3°. Elle
n'a pas exempté de la commune règle les prestations réelles,
dont le moindre exercice ne peut cependant être ignoré.

(*Mais voyez les deux notes qui suivent*).

(1) Donc s'ils ont été réservés, même sans la participation
de la partie intéressée, la prescription décennale n'a pas
lieu ; exception à la fameuse règle, *nemo alteri stipulatur.*
J'ai démontré en une autre occasion que cette règle ne s'ob-
servoit pas toutes les fois que la stipulation n'entraînoit aucun
engagement contre celui pour qui on a stipulé ; à moins
d'une loi formelle particulière, telle que l'ordonnance de
1731 (*art.* 5) pour les donations entre-vifs.

(2) Ainsi quoique l'exercice de la servitude ait duré plusieurs années après l'entrée en possession de l'adjudicataire,
si on l'interrompt pendant dix années consécutives, le droit
s'éteint. Mais cependant si l'adjudicataire a approuvé la servitude, il ne peut ensuite s'aider d'une interruption de dix
ans, parce qu'il est alors personnellement obligé, et que de
plus son obligation étant postérieure à l'adjudication, n'a
pas pu être modifiée par icelle, avant d'exister.

Je pense même qu'une approbation indirecte, résultant,
par exemple, de ce que l'adjudicataire auroit sciemment et
librement acquitté la redevance, doit suffire ; car il n'est
pas naturel qu'on paye ainsi ce qu'on n'est pas convaincu de

A l'égard des charges et services fonciers établis par la loi (1), ils ne sont sujets à aucune prescription (2).

XXVI. Néanmoins ceux qui, avant l'adjudication, voudroient exercer aucune des revendications mentionnées en l'article précédent, pourront le faire, en se rendant parties intervenantes dans la procédure d'adjudication, suivant les formes ci-après (3).

XXVII. L'exploit d'intervention sera signifié, sans qu'il soit nécessaire de citer au bureau de conciliation (4), tant au poursuivant, au domicile élu par les affiches, qu'au saisi, avec déclaration, de la part du requérant qu'il fera statuer sur sa revendication, à l'audience indiquée pour l'adjudication.

Le même exploit contiendra l'énonciation des titres justificatifs de la propriété par lui réclamée. Ces titres seront

---

devoir. Mais hors du cas d'une approbation directe on indirecte, la loi présume, ou que l'adjudicataire a ignoré cet exercice, ou qu'il l'a regardé comme une usurpation ou une tolérance : ce qui toutefois ne sauroit guère se présumer en fait de servitudes apparentes, dont l'exercice a été continué pendant un intervalle notable après l'adjudication ; sur-tout si la servitude est d'un usage continu.

(1) Tels que le droit de vaine pâture, en certains cas et dans certains héritages; le droit de passage pour un héritage enclavé de toutes parts au milieu des propriétés d'autrui ; ou encore l'obligation de recevoir les eaux qui découlent naturellement de l'héritage supérieur.

(2) Il est sans doute inutile d'ajouter ici que puisque les servitudes non légales ne s'éteignent que par dix ans de prescription, elles ne sont pas plus purgées de plein droit, que la propriété, dont elles sont un appendice.

(3) On a toujours intérêt d'intervenir pour empêcher la fatale prescription de dix ans.

(4) Parce qu'une intervention n'est point une action principale ; et que la loi de 1790 n'astreint à la conciliation que pour les actions principales. En effet une loi établie pour abréger les procès, ne doit pas les prolonger.

déposés par le réclamant, avant le jour indiqué pour l'adjudication (1), au greffe du tribunal, où les parties intéressées pourront en prendre communication.

Si la revendication ne porte que sur des héritages particuliers, et non sur la totalité ou partie d'un corps de domaine entier, cet exploit contiendra en outre l'indicacation exacte de la situation, de la nature, de la consistance, et des confins par tenans et aboutissans, de chaque objet revendiqué (2).

A défaut de l'observation de ces formalités, il sera passé outre à l'adjudication, à moins que le poursuivant ne s'y oppose.

XXVIII. Le tribunal prononcera, si faire se peut, sur la revendication, au jour indiqué; sinon il renverra le jugement à une prochaine audience. Ce jugement ne pourra être rendu qu'après avoir entendu le commissaire du directoire exécutif.

En cas d'appel, il y sera statué comme en matières provisoires, et sans tour de rôle (3).

XXIX. Toutes les fois qu'il y aura une revendication, il sera sursis à l'adjudication des objets revendiqués.

Le tribunal peut néanmoins, après avoir entendu les parties intéressés qui seroient présentes, et le commissaire du directoire exécutif, ordonner l'adjudication de tout ou de parties des objets non revendiqués; à la charge de prononcer à cet égard par un jugement séparé de celui relatif à la question de revendication (4).

XXX. Lorsque l'adjudication aura été retardée par une

---

(1) Ils seroient donc déposés en vain le jour même.

(2) Sur cette indication, *voyez l'ordonnance de* 1667, *tit.* 9, *art.* 4 *et* 5. La présente disposition s'y réfère.

(3) A cause de l'urgence, l'appel étant suspensif. Le recours en cassation l'est aussi; parce que le grief seroit irréparable.

(4) Ainsi il ne suffiroit pas de distinguer les deux objets dans un même jugement, qui contint distinctement les deux dispositions.

revendication (1), il ne pourra y être procédé qu'après l'apposition et notification de nouvelles affiches dans les formes prescrites par les articles IV, V, VI et VII, sans qu'il soit besoin de renouveler le commandement, à moins qu'il ne se soit écoulé plus de six mois depuis la date du jugement qui aura statué sur la revendication (2).

CHAPITRE III.

Des ordres et distributions du prix.

XXXI. L'ordre et la distribution du prix des immeubles seront faits devant le tribunal civil qui aura procédé à leur adjudication (3).

Si l'aliénation n'a point été faite en justice (4), il sera

---

(1) Ne fût-ce que d'une audience ; parce que la loi ne distingue pas. D'ailleurs le public ne connoit pas assez le renvoi prononcé par le tribunal.

Il en est de même toutes les fois que l'adjudication est retardée, quelle qu'en soit la cause ; et cela par le même motif, que le jour de l'adjudication seroit ignoré dans le public qui ne connoit que le jour porté par l'affiche. L'article 14 fortifie cette opinion.

(2) Ce jugement est le jugement définitif, et non celui qui a été rendu la première fois que la revendication a été portée au tribunal, au jour capté pour l'adjudication. Car le délai de six mois est fondé sur l'interruption des poursuites : or elles ne sont interrompues que du jour que la revendication est définitivement jugée, comme il est évident. Et si on interjette appel de ce jugement, les six mois ne compteront, par le même motif, que du jour du jugement de l'appel.

(3) Ce tribunal est déterminé par la précédente loi, articles 9, 10 et 12.

(4) Il est donc question ici de toute espèce d'ordre et distribution de prix, même pour les cas où il n'y a point eu de vente judiciaire ; par exemple, si l'acquéreur d'un immeuble s'est soumis indéfiniment à acquitter toutes les charges et hypothèques dont il est grevé ; ou que les créanciers n'aient point usé de la faculté qui leur est accordée par l'art. 31 de la précédente loi.

procédé à l'ordre et distribution devant le tribunal civil de la situation des immeubles ; et en cas d'aliénation , par un même acte , de biens situés dans plusieurs départemens , devant le tribunal dans l'arrondissement duquel se trouvera située la partie des biens à laquelle la matrice du rôle de la contribution foncière attribue le plus de revenus.

A cet effet, il sera ouvert au greffe du tribunal un procès verbal (1), sur la première réquisition d'un des créanciers, et sur la remise qu'il sera tenu de faire, en même temps , d'un état certifié par le conservateur des hypothèques, de toutes les inscriptions existantes (2) sur les biens aliénés (3).

XXXII. Le procès verbal d'ordre ne pourra être clos

____

(1) *Voyez-en le modèle ci-après , liv.* 6.

(2) Sans omettre même celles qui sont évidemment nulles: c'est au tribunal à prononcer cette nullité , lors de l'homologation de l'ordre.

(5) Cet état demeure déposé au greffe, pour être communiqué (*V. art.* 33.).
Dans les ordres qui seront à faire sur des deniers dont la consignation légale antérieure à la loi, ayant purgé toute hypothèque , dispense aujourd'hui les créanciers de prendre une inscription qui seroit sans objet ; celui qui requiert l'ordre donnera un état des oppositions anciennes , à la place d'un état d'inscriptions qui n'existent pas. Il fera ensuite notifier l'ouverture du procès verbal d'ordre aux opposans ; et ceux-ci seront tenus de produire leurs titres , de la même manière et dans les mêmes délais que les créanciers privilégiés non astreints à l'inscription (*V. l'art.* 32 *qui suit: les motifs sont ici les mêmes.*).

J'ai dit que l'inscription seroit sans objet : car , 1°. le fonds n'est plus susceptible de l'hypothèque , étant purgé par la consignation légale qui vaut payement. 2°. Il n'existe plus de motif ; puisque toute inscription a pour but de prévenir les fraudes et surprises envers des créanciers ou acquéreurs postérieurs, et qu'il est clair que dans ce cas-ci un tel danger n'a pas lieu.

que trente jours après que son ouverture aura été notifiée
tant aux créanciers inscrits qu'à la partie saisie.

Pendant cet intervalle, les créanciers privilégiés qui ne
sont point assujettis à l'inscription de leurs droits, seront
tenus, à peine de déchéance de leurs priviléges, d'en produire les titres et pièces au greffe (1).

Quant aux privilégiés et aux créanciers inscrits, l'état
mentionné en l'article précédent tient lieu pour eux de
production ; néanmoins ils sont tenus, sur la réquisition
soit d'un créancier, soit de la partie saisie, de justifier
des titres de leurs créances, et de les déposer et produire
au greffe du tribunal.

XXXIII. Il est loisible à tout créancier et à la partie
saisie, de prendre communication, pendant le même délai, du procès verbal d'ouverture d'ordre, de l'extrait
des inscriptions, et des titres et pièces qui auroient été
produits ; de faire sur le tout les observations qu'ils
croiront convenables, et qui seront consignées sur le procès verbal : faute de quoi, l'ordre sera dressé (2) d'après
l'extrait des inscriptions et les titres et les pièces produits.

En cas de contestations, il y est statué par le tribunal
entre le réclamant et ceux dont il conteste en tout ou en
partie le droit de collocation (3).

XXXIV. L'homologation de l'ordre sera portée à la
première audience qui suivra l'expiration du délai de
trente jours, fixé par l'article XXXII, pour y être statué
par le tribunal, ainsi que sur les contestations qui au-

------

(1) Ainsi, de peur de surprise, ils ont grand intérêt de prendre une inscription, ou d'employer quelque autre voie pour
que l'on soit tenu de les avertir (*Voy. les notes sur la précédente loi, art. 11.*). Lorsqu'ils n'ont aucun titre ni pièces, ils
font une déclaration verbale, afin que les autres créanciers
connoissent leurs prétentions et se mettent en même de les
contester, s'il y a lieu, au jour de l'homologation de l'ordre.

(2) Par qui ? par le greffier ; puisque c'est lui qui est le ré-
dacteur naturel des actes qui se prennent au greffe.

(3) Ces différens se vident à l'audience de l'homologation
(*V. l'art. suivant.*) et avant de procéder à icelle.

roient été élevées, sans qu'il soit besoin d'assignation (1)
à la partie saisie ni aux créanciers, et sauf l'appel (2),
nonobstant lequel les collocations qui n'auroient pas été
contestées recevront leur exécution (3).

Les frais pour parvenir à la confection de l'ordre, seront prélevés de préférence à toute créance, et colloqués
au profit du poursuivant (4).

XXXV. Le jugement d'homologation ordonne la délivrance, par le greffier des bordereaux de collocation, à
ceux qui viennent en ordre utile (5), pour le montant en

---

(1) Ni de conciliation ; parce que les contestations qui peuvent être à décider, ne sont que des incidens sur l'ordre (*V.
ce qui a été dit sur l'art. 27.*).

(2) Supposé que l'objet de la contestation excède 1000 fr.
car les tribunaux civils jugeant en dernier ressort jusqu'à cette
concurrence, même sur les propriétés immobiliaires, ils ont
encore plus ce pouvoir à l'égard d'une somme de deniers.
(*Voyez l'article 23.*).
Le recours en cassation et la demande en requête civile,
peuvent aussi être employés ; même la voie de l'opposition
sur le défaut, lorsque le défaillant est présumé avoir ignoré
l'instance d'ordre ; c'est-à-dire, lorsqu'il n'a pas été réguliè-
rement averti : mais dans le cas contraire, elle est rejetée,
n'étant jamais admise quand le défaillant est inexcusable,
pour avoir été suffisamment prévenu.

(3) On sousentend, *pourvu qu'elles soient antérieures à
celles que l'on conteste* ; ou que, si elles sont postérieures,
les fonds abondent pour faire face à toutes.

(4) Ils l'emportent sur tous autres priviléges, et la raison
en est évidente ; savoir, que ces frais sont forcés et que tout
privilégié seroit tenu de les avancer pour être payé, si le
poursuivant ne l'avoit fait avant lui.

(5) Au nombre des créances utiles sont comprises même
celles qui sont suspendues par une condition, de l'accomplissement ou du défaut de laquelle dépend la validité ou la nullité de l'obligation : les créanciers qui ainsi sont incertains
prennent leur bordereau, quoique révocable, et on ne peut
pas ordonner comme jadis que les créanciers postérieurs, dont
les droits sont ouverts et stables, toucheront provisoirement

être

être acquitté par l'adjudicataire (1), s'il n'existe aucune
saisie ni opposition sur le créancier colloqué (2).

le montant de la collocation douteuse , en donnant caution
de rapporter s'il y échoit : car l'ancienne jurisprudence étoit
fondée sur ce qu'on jugeoit indispensable que l'adjudicataire
vidât totalement ses mains du prix , sans terme ni délai ; mais
aujourd'hui étant de principe que l'adjudicataire ne paye
qu'à l'échéance du titre , pourquoi dérogeroit-on à ce principe en faveur de créanciers dont le droit a toujours été
subordonné à celui du créancier conditionnel ?

(1) Ou par celui entre les mains de qui il auroit consigné ,
faute par les créanciers d'avoir fait diligence de procéder à
l'ordre. La faculté de consigner pour se libérer est de droit
commun , et la présente loi n'y déroge pas. On se rappelle
au surplus qu'un adjudicataire n'est tenu de payer qu'aux
termes et de la même manière que le portoit le titre primor-
dial du créancier (*Voyez la précédente loi , article* 15.) :
et certes l'adjudication n'est pas un nouveau titre , mais
l'exécution du premier.

(2) Et s'il en existe , on en attend la main-levée. Ceci me
fait naître un doute ; savoir, si aujourd'hui le sous-ordre à
lieu , et de quelle manière.

Je réponds , 1°. que ceux qui viendroient en sous - ordre
ne peuvent pas demander la distribution par rang d'hypothèque entre eux , des deniers pour lesquels ils ont été tous
ensemble colloqués au nom de leur débiteur , créancier du
débiteur principal : car , 1°. cette opinion étoit incontestablement la plus solide , même sous l'ancien régime hypothécaire , ainsi que l'établissent *d'Hericourt , Denisart ,
Pigeau , Grenier.* 2°. Elle reçoit une nouvelle force aujour-
d'hui que les immeubles corporels sont expressément
déclarés seuls susceptibles d'être hypothéqués. Les créanciers
en sous-ordre ne réclamant donc rien d'hypothéquable , ne
sauroient venir que par contribution.

2°. Que les demandeurs en sous-ordre ne peuvent former l'inscription sur le débiteur principal , au nom du
créancier , leur débiteur , qu'autant qu'ils possèdent les titres et renseignemens nécessaires pour former le bordereau
d'inscription , dans la même forme que seroit tenu de faire
leur débiteur , s'il réclamoit en personne l'inscription. Car

H

Ces bordereàux énoncent la nature et la quotité de la créance et de ses accessoires ayant le même rang d'hypothèque, ainsi que l'époque d'exigibilité tant du capital que des intérêts ou arrérages.

Le même jugement détermine celles des inscriptions qui ne viennent point en ordre utile sur le prix, et or-

---

ces formalités sont impérieusement commandées par la loi, et à l'avantage des autres intéressés : ce seroit donc léser le droit d'autrui que de les omettre ; ce seroit pourvoir à la sûreté de ses droits, aux dépens de ceux d'autrui.

3°. Mais s'ils sont en même de satisfaire à toutes les conditions requises pour une inscription, je ne doute pas qu'ils n'aient plein droit de la requérir, pour et au nom de leur débiteur qui néglige ou qui refuse de le faire : car aucune loi ne leur ôte cette faculté.

4°. A plus forte raison est-il certain, qu'ils peuvent procéder par voie de simple opposition, pour arrêter la somme qui seroit allouée dans l'ordre à leur débiteur ; puisque même la loi le suppose ici formellement.

5°. Mais une nouvelle difficulté s'élève : savoir, si cette opposition peut être formée entre les mains du conservateur des hypothèques, ou seulement entre les mains de l'adjudicataire.

D'un côté, la loi est muette sur ce point ; et il en coûteroit trop d'inquiétude au créancier de veiller le moment d'une adjudication et ordre de créanciers ; on seroit forcé de ne donner à son débiteur ni paix ni trêve, jusqu'à ce qu'on eût été satisfait ; ce qui est dur et tyrannique envers les débiteurs : il paroît donc convenable de continuer à prendre pour loi, ou du moins pour image, la disposition de l'édit de 1771, art. 31.

D'un autre côté ce seroit user de l'ancienne voie des oppositions au bureau des hypothèques, trop étrangère à la nouvelle loi pour être réputée maintenue ; le silence même de la loi est une preuve que cette voie est abolie.

Au milieu de cet embarras j'admettrois l'une et l'autre espèce d'oppositions, pour plus grande sûreté, jusqu'à ce qu'il soit intervenu une loi additionnelle à cet égard. Je conseillerois donc au conservateur, de ne pas rejeter ni négliger l'opposition, si elle étoit requise ; et à la partie requérante, de ne pas s'en tenir à cette seule précaution, mais de saisir encore sur l'adjudicataire.

donne que la radiation en sera faite par le conservateur des hypothèques, en ce qu'elles frapperoient sur l'immeuble aliéné.

XXXVI. Toutes lois, coutumes et usages antérieurs, demeurent abrogés en ce qu'ils auroient de contraire (1) à la présente (2).

---

(1) Nous devons regarder comme telles, certaines exceptions qu'on faisoit ci-devant; savoir, 1°. en faveur d'un créancier plus ancien hypothécaire ou privilégié, qui pouvoit demander l'adjudication et envoi en possession des biens saisis, sur la simple prisée d'experts; si mieux n'aimoient les autres créanciers se charger de les faire vendre à si haut prix qu'il fût satisfait. 2°. Lorsque les fonds saisis n'excédoient pas en valeur quatre mille francs : car alors on avoit droit de faire vendre sur simple placard. 3°. Lorsque la créance n'excédoit pas cent francs; à moins que le débiteur ne présentât aucune autre ressource : il n'étoit pas permis de saisir ses biens fonds pour une aussi modique somme.

Le motif sur lequel étoient fondées ces trois exceptions a cessé; puisqu'il étoit pris de l'immensité des frais qu'entraînoient les saisies réelles.

On peut donc aujourd'hui, dans tous les cas, sans exception, et sans discussion préalable du mobilier, saisir les immeubles : mais cependant telle pourroit être la modicité de la créance et la suffisance notoire du mobilier du débiteur, que la justice ne toléreroit pas sans doute des poursuites purement vexatoires, tendant à dépouiller inutilement le débiteur, d'un immeuble précieux pour lui : car l'ordonnance de 1539, article 74, en abolissant l'ancien usage de discuter préalablement le mobilier, et dérogeant à cet égard à *la loi* 15, §. 2, *ff. lib.* 42, *titre* 1, *de re judicatâ*, ne tendoit pas à des abus. Les lois sont faites pour réprimer les fripponneries et non pour les soutenir ; NEQUE MALITIIS INDULGENDUM EST (*ff. lib.* 6, *titre* 1, *de rei vind. lege* 38, *in fundo.*). C'est une loi sacrée qui est la clef et le complément de toutes les autres, et la base de la législation : elle devroit être gravée en caractères de diamant et de feu sur toutes les avenues et aux quatre côtés du sanctuaire de la justice ; afin que les juges ne pussent jamais la perdre de vue un seul instant.

(2) Les deux lois précédentes ont été publiées au Puy-de-Dôme, le 5 frimaire; et au Cantal, le 6.

LIVRE V.

LOIS SUPPLÉMENTAIRES

A celles du 11 brumaire, an 7, sur le régime hypothécaire et les expropriations forcées.

Extrait de la loi du 9 messidor, an III.

Art. XIX. LES actes, etc. . . . .

Et néanmoins l'hypothèque n'est acquise définitivement que par la formalité de l'inscription de ces actes, qui est faite dans le registre pour ce destiné, par le conservateur des hypothèques ou son agent préposé à cet effet pour chaque arrondissement, et qui est tenu d'en donner récépissé au créancier, après quoi il répond de la conservation de l'hypothèque.

XX. Le créancier qui veut faire inscrire son titre, est tenu d'en fournir, sur papier timbré, signé du fonctionnaire public qui l'a reçu, ou qui est dépositaire de la minute, un extrait contenant le bordereau de ses créances; et de déposer cet extrait entre les mains du conservateur dans l'arrondissement duquel sont situés les biens sur lesquels le créancier se propose de faire frapper son hypothèque.

XXI. Il est pareillement tenu d'y joindre, aussi en papier timbré, le double dudit bordereau, au bas duquel le conservateur des hypothèques donne son récépissé, après en avoir fait l'incription sur ses registres.

· ·

XXII. Tout acte de la juridiction volontaire ou contentieuse, même le jugement susceptible d'appel , donne hypothèque du jour de sa date , s'il est inscrit dans le mois, passé lequel délai l'hypothèque n'existe et n'a rang que du jour de son inscription.

. . . .

CV. En toute expropriation volontaire, onéreuse ou à titre gratuit, celui au profit duquel elle est consentie, ne peut devenir propriétaire incommutable des biens territoriaux qui en sont l'objet , que sous les deux conditions suivantes ,

1°. De notifier et déposer expédition de son contrat dans le mois de sa date , à chaque bureau de la conservation des hypothèques dans l'arrondissement duquel les biens sont situés.

. . . .

CVIII. Il est tenu registre des notifications prescrites par l'article CV , pour lesquelles il n'est pas nécessaire d'employer le ministère d'aucun huissier, et qui peuvent être faites par le porteur dudit contrat.

———————————————

L O I

Qui proroge le délai fixé pour l'inscription des droits d'hypothèque.

Du 16 pluviôse , an 7.

Sur une résolution du 14.

LE conseil des cinq cents, considérant que l'exécution de la loi sur les hypothèques a éprouvé des difficultés, et que le délai accordé par ladite loi pour l'inscription des droits d'hypothèque ou privilége et la transcription des

H 3

mutations antérieures à sa promulgation, est près d'expirer,

Déclare qu'il y a urgence.

Après avoir déclaré l'urgence, le conseil prend la résolution suivante :

ART. Ier Les délais accordés par les art. XXXVII et XLVII du titre III de la loi du 11 brumaire dernier, pour l'inscription des droits d'hypothèque ou priviléges, et pour la transcription des mutations antérieures à la publication, sont prorogés; lesdites inscription et transcription pourront être faites dans les deux mois qui suivront la publication de la présente.

II. La présente loi sera réimprimée à la diligence des administrations centrales de département, et affichée dans toutes les communes de la république.

III. La présente résolution sera imprimée (1).

_____

(1) Notez que la loi du 16 pluviose a été promulguée au département du Puy-de-Dôme, le 27 pluviose; et en celui du Cantal, le 3 ventôse suivant. De-là s'ensuit que le nouveau délai accordé par la loi du 17 germinal, an 7, ci-après rapportée, expire au Puy-de-Dôme le 27 prairial; et au Cantal, le 3 messidor de la même année.

LOI

Relative à l'organisation de la conservation des hypothèques.

Du 21 ventôse, an 7.

Sur une résolution du 7 du même mois.

TITRE PREMIER.

De la conservation des hypothèques.

CHAPITRE PREMIER.

Dispositions générales.

ART. Ier LA conservation des hypothèques est remise à la régie nationale de l'enregistrement; elle en confiera l'exécution aux receveurs de l'enregistrement, dans les lieux et suivant les formes qui vont être ci-après déterminées.

CHAPITRE II.

Etablissement des bureaux des hypothèques.

II. Il y aura un bureau de la conservation des hypothèques par chaque arrondissement de tribunal de police correctionnelle; il sera placé dans la commune où siége le tribunal.

Si, dans le même arrondissement, le tribunal civil et le tribunal de police correctionnelle siégent dans deux communes différentes, le bureau sera placé dans la commune où siégera le tribunal civil.

H 4

CHAPITRE III.

De l'institution des agens des hypothèques, et de leurs
fonctions.

III. Les préposés de la régie à la conservation des hypothèques seront chargés, 1°. de l'exécution des formalités civiles prescrites pour la conservation des hypothèques et la consolidation des mutations de propriétés immobiliaires; 2°. de la perception des droits établis au profit du trésor public pour chacune de ces formalités.

IV. Avant d'entrer en exercice, chaque préposé fera enregistrer sa commission au greffe du tribunal civil du département; il y prêtera le serment prescrit par la loi du 19 fructidor an V, et celui de remplir avec fidélité et exactitude les fonctions qui lui sont confiées.

CHAPITRE IV.

Des cautionnemens que doivent fournir les préposés aux
hypothèques.

V. Le préposé fournira en outre, un cautionnement en immeubles. Il sera payé pour l'enregistrement dudit cautionnement, un droit fixe d'un franc.

Le cautionnement sera reçu par le tribunal civil de la situation des biens, contradictoirement avec le commissaire du directoire exécutif près le même tribunal.

VI. Le préposé sera tenu de faire recevoir son cautionnement, et d'en justifier à la régie nationale dans le mois de l'enregistrement de sa commission; il déposera, dans le même délai, une expédition de la réception dudit cautionnement, au greffe du tribunal civil dans l'arrondissement duquel il remplira ses fonctions.

VII. L'inscription du cautionnement sera faite à la diligence et aux frais du préposé.

Elle subsistera pendant toute la durée de sa responsabilité, sans avoir besoin d'être renouvelée.

VIII. Le cautionnement ci-dessus demeure spéciale-ment et exclusivement affecté à la responsabilité du pré-posé à la conservation des hypothèques, pour les erreurs et omissions dont la loi le rend garant envers les citoyens.

Cette affectation subsistera pendant toute la durée des fonctions, et dix années après : passé lequel délai, les biens servant de cautionnement seront affranchis de plein droit de toutes actions de recours qui n'auroient point été intentées dans cet intervalle.

IX. Les préposés à la conservation des hypothèques auront domicile dans le bureau où ils rempliront leurs fonctions, pour les actions auxquelles leur responsabilité pourroit donner lieu.

Ce domicile est de droit ; il durera aussi long-temps que la responsabilité des préposés : toutes poursuites à cet égard pourront y être dirigées contre eux, quand même ils seroient sortis de place, ou contre leurs ayans cause.

X. Le passage d'un bureau dans un autre n'emportera point l'obligation d'un nouveau cautionnement ; celui déjà fourni subsistera pour le nouveau bureau, sauf à suppléer s'il y a lieu.

XI. Le cautionnement sera,

De 20,000 francs pour une population de cinquante mille individus et au-dessous ;

De 30,000 francs pour une population de cinquante mille à cent mille individus ;

De 40,000 francs pour une population de cent mille à cent cinquante mille individus ;

De 50,000 francs pour une population de cent cin-quante mille à deux cent mille individus, et au-dessus.

Il sera de 100,000 francs pour la commune de Paris.

CHAPITRE V.

De l'empêchement des préposés, et de la vacance des bureaux.

XII. En cas d'absence ou d'empêchement d'un préposé, il sera suppléé par le vérificateur où l'inspecteur de l'en-registrement dans le département, ou bien, à leur défaut, par le plus ancien surnuméraire du bureau.

Le préposé demeurera garant de cette gestion, sauf son recours contre ceux qui l'auront remplacé.

XIII. S'il y a vacance d'un bureau, par mort ou autrement, le cas de démission excepté, il sera rempli provisoirement par le vérificateur ou l'inspecteur de l'enregistrement, ou bien, à leur défaut, par le plus ancien surnuméraire du bureau.

Ils demeureront responsables de leur gestion. La régie pourvoira sur le champ à la place vacante.

XIV. Nul préposé démissionnaire ne pourra quitter ses fonctions avant l'installation de son successeur, à peine de répondre de tous dommages et intérêts auxquels la vacance momentanée du bureau pourroit donner lieu.

CHAPITRE VI.

Du traitement des préposés aux hypothèques.

XV. Le traitement des préposés à la conservation des hypothèques est réglé, ainsi qu'il suit :

1°. Ils auront sur la recette des droits d'hypothèque, jointe aux autres recettes dont ils sont chargés, les remises accordées sur les droits d'enregistrement et autres, par le tarif compris en l'article IX de la loi du 14 août 1793;

2°. Il leur sera payé par les requérans, pour les actes qu'ils délivreront, outre le papier timbré, les sommes énoncées au tarif suivant;

SAVOIR:

1°. Pour l'inscription de chaque droit d'hypothèque ou privilège, quel que soit le nombre des créanciers, si la formalité est requise par le même bordereau, ci. . . . . o. fr. 50 c.

2°. Pour la transcription de chaque acte de mutation, par rôle d'écriture contenant vingt-cinq lignes à la page et dix-huit syllabes à la ligne. . . . 25

3°. Pour chaque déclaration de changement de domicile. . . . . o. 25

4°. Pour l'inscription de chaque notification de procès verbaux d'affiches. . . . . 1 fr. ooc.

5°. Pour chaque radiation d'inscription. . . . . o. 5o.

6°. Pour chaque extrait d'inscription, où certificat qu'il n'en existe aucune. . . . . o. 5o.

7°. Pour les copies collationnées des actes déposés ou transcrits dans les bureaux des hypothèques, par chaque rôle de feuille de papier de vingt-cinq lignes à la page, et de dix-huit syllabes à la ligne. o. 25.

CHAPITRE VII.

Des registres destinés à recevoir les actes du nouveau régime hypothécaire.

XVI. Les registres servant à recevoir les actes du nouveau régime hypothécaire, seront en papier timbré ; les préposés les feront cotter et parapher à chaque feuillet, par le président de l'administration municipale du lieu.

Cette formalité sera remplie dans les trois jours de la présentation des registres, et sans frais.

XVII. Les actes seront datés et consignés de suite, sans blanc, et jour par jour ; ils seront numérotés suivant le rang qu'ils tiendront dans les registres, et signés du préposé.

XVIII. Outre les registres mentionnés en l'article XVI, les préposés tiendront un registre sur papier libre, dans lequel seront portés par extrait, au fur et à mesure des actes, sous le nom de chaque grevé, et à la case qui lui sera destinée, les inscriptions à sa charge, les transcriptions, les radiations, et les autres actes qui le concernent, ainsi que l'indication des registres où chacun de ces actes sera porté, et les numéros sous lesquels ils y seront consignés.

TITRE II.

De la perception des droits d'hypothèque.

CHAPITRE PREMIER.

De l'établissement des droits d'hypothèque.

XIX. Il sera perçu, au profit du trésor public, conformément à l'article LXII du titre IV de la loi du 9 vendémiaire, an VI, un droit sur l'inscription des créances hypothécaires, et sur la transcription des actes emportant mutation de propriétés immobiliaires (1).

CHAPITRE II.

Du droit d'inscription.

XX. Le droit d'inscription des créances hypothécaires sera, 1°. d'un pour deux mille du capital (2) de chaque créance hypothécaire antérieure à la promulgation de la

---

(1) *Voici cet article de la loi du 9 vendémiaire, an 6.*

« Article LXII. Il sera établi, au profit du trésor public,
« et perçu par les receveurs de l'enregistrement.

« 1°. Un droit proportionnel calculé à raison d'un pour
« deux mille du montant des créances hypothécaires anté-
« rieures à l'entière mise en activité du régime hypothécaire,
« et dont l'inscription sera requise pour en obtenir la con-
« servation ; et à raison d'un pour mille du montant de
« celles postérieures ;

« 2°. Un autre droit proportionnel d'un et demi pour cent
« sur le prix intégral des mutations que les nouveaux posses-
« seurs voudront purger d'hypothèques. »

(2) Le droit proportionnel ne se prend donc que sur le capital et non sur les accessoires : certains receveurs le perçoivent sur le total ; ils commettent une vraie concussion, que l'ignorance peut seule excuser.

loi du 11 brumaire dernier ; d'un pour mille du capital des créances postérieures à ladite époque.

XXI. Il ne sera payé qu'un seul droit d'inscription pour chaque créance, quel que soit d'ailleurs le nombre des créanciers requérans et celui des débiteurs grevés.

XXII. S'il y a lieu à inscription d'une même créance dans plusieurs bureaux, le droit sera acquitté en totalité dans le premier bureau ; il ne sera payé, pour chacune des autres inscriptions, que le simple salaire du préposé, sur la représentation de la quittance constatant le payement entier du droit, lors de la première inscription.

En conséquence le préposé dans le premier bureau sera tenu de délivrer à celui qui payera le droit, indépendamment de la quittance au pied du bordereau d'inscription, autant de *duplicata* de ladite quittance qu'il lui en sera demandé.

Il sera payé au préposé vingt centimes pour chaque *duplicata*, outre le papier timbré.

XXIII. L'inscription des créances appartenant à la république, aux hospices civils et autres établissemens publics, sera faite sans avance du droit d'hypothèque et des salaires des préposés.

XXIV. Toutes les fois que l'inscription aura lieu sans avance du droit et des salaires, le préposé sera tenu, 1º. d'énoncer, tant sur les registres que sur le bordereau à remettre au requérant, que les droits et salaires sont dûs ; 2º. d'en poursuivre le recouvrement sur les débiteurs, dans les deux décades après la date de l'inscription.

. Ces poursuites s'exerceront suivant les formes établies pour le recouvrement des droits d'enregistrement.

CHAPITRE III.

Du droit de transcription.

XXV. Le droit sur la transcription des actes emportant mutation de propriétés immobiliaires, sera d'un et demi pour cent du prix intégral desdites mutations, suivant qu'il aura été réglé à l'enregistrement.

XXVI. Si le même acte donne lieu à transcription dans

plusieurs bureaux, le droit sera acquitté ainsi qu'il est porté à l'article XXII ci-dessus pour les inscriptions.

XXVII. Hors les cas d'exception prononcés par la présente loi et par celle du 11 brumaire dernier, les droits et salaires dûs pour les formalités hypothécaires, seront payés d'avance par les requérans.

Les préposés en expédieront quittance au pied des actes et certificats par eux remis et délivrés; chaque somme y sera mentionnée séparément et en toutes lettres.

T I T R E I I I.

Dispositions circonstancielles et transitoires.

C H A P I T R E P R E M I E R.

Disposition générale.

XXVIII. Les dispositions de la loi du 9 messidor, an III, sur le régime hypothécaire, provisoirement maintenues par l'article LV de la loi du 11 brumaire dernier, sont et demeurent rapportées.

C H A P I T R E I I.

De la suppression de la conservation générale.

XXIX. La conservation générale des hypothèques, créée par ladite loi, demeure définitivement supprimée : immédiatement après la promulgation de la présente, le conservateur général des hypothèques cessera toute fonction; il sera tenu d'évacuer, dans le délai d'un mois, les bâtimens nationaux dont l'usage lui avoit été accordé.

XXX. Dans les trois jours de ladite promulgation, le commissaire du pouvoir exécutif près l'administration centrale du département de la Seine arrêtera les registres de la conservation générale des hypothèques, et en dressera inventaire, ainsi que des autres titres et papiers qui pourroient s'y trouver, concernant les hypothèques.

XXXI. Les opérations prescrites par l'article précédent auront lieu en présence de deux régisseurs commis à cet effet par la régie nationale de l'enregistrement et du conservateur général, ou lui dûment appelé.

XXXII. Le commissaire du directoire exécutif les interpellera de signer avec lui à la fin de l'inventaire; et en cas de refus de leur part, il en sera fait mention.

XXXIII. Les registres, titres et papiers, ainsi arrêtés et inventoriés, seront remis aux deux régisseurs-commissaires, pour être, avec l'inventaire, déposés au bureau de la régie nationale de l'enregistrement; et le conservateur général en demeurera bien et valablement déchargé.

CHAPITRE III.

De la suppression des conservateurs particuliers des hypothèques.

XXXIV. Dans les trois jours de leur réception, les préposés à la conservation des hypothèques établis par la présente, en feront faire la notification, chacun dans son arrondissement, aux anciens conservateurs, qui seront tenus de cesser sur le champ leurs fonctions.

XXXV. Dans le même délai, les préposés feront faire la même notification aux commissaires du directoire exécutif près les municipalités des lieux où il existe des bureaux des hypothèques provisoirement maintenus.

XXXVI. Les commissaires du directoire exécutif se transporteront, dans le jour de la notification, dans lesdits bureaux, y arrêteront les registres, et en dresseront inventaire, ainsi que des titres et papiers concernant la conservation des hypothèques, en présence des conservateurs supprimés, ou eux dûment appelés.

Lesdits conservateurs seront interpelés de signer les inventaires; et en cas de refus de leur part, il en sera fait mention.

XXXVII. Les registres, titres et papiers, arrêtés et inventoriés, seront, à la diligence du commissaire du directoire exécutif, transportés au bureau des hypothèques de l'arrondissement, pour y demeurer déposés.

Les frais de transport seront à la charge des préposés, qui donneront au commissaire du directoire exécutif une reconnoissance du dépôt; au moyen de quoi, il en demeurera, ainsi que l'ancien conservateur, bien et valablement déchargé.

XXXVIII. Le conservateur général et les conservateurs particuliers supprimés, chacun en ce qui les concerne, demeureront garans de toute perte ou soustraction de pièces qui n'auroient point été comprises dans les inventaires ordonnés par les articles XXX et XXXVI de la présente.

Ils répondront également des retards et oppositions qui seroient apportés par eux ou leurs agens, tant à la confection desdits inventaires, qu'au dépôt des pièces inventoriées.

XXXIX. Il sera placé dans chaque bureau de la conservation des hypothèques un tableau divisé en trois colonnes :

La première contiendra, par ordre alphabétique, le nom des communes de l'arrondissement ;

La seconde désignera l'ancien arrondissement dont chacune d'elles faisoit partie ;

La troisième indiquera dans quel bureau de la nouvelle organisation hypothécaire auront été déposés les registres des inscriptions et transcriptions antérieures à sa mise en activité, et relatives à chaque commune.

LOI

LOI

Qui proroge de deux mois les délais prorogés par la loi du 16 pluviôse dernier, pour l'inscription des titres de créance et la transcription des actes translatifs de propriété, antérieurs à la promulgation de la loi du 11 brumaire précédent.

Du 17 germinal, an VII.

LE conseil des cinq cents, considérant que les délais prorogés par la loi du 16 pluviôse dernier, pour l'inscription des titres de créance, et la transcription des actes translatifs de propriété, antérieurs à la promulgation de la loi du 11 brumaire précédent, sont sur le point d'expirer, et qu'il importe de statuer promptement sur la proposition qui a été faite de les proroger de nouveau,

Déclare qu'il y a urgence.

Le conseil, après avoir déclaré l'urgence, prend la résolution suivante :

Les délais établis par les articles XXXVII et XLVII de la loi du 11 brumaire dernier, et prorogés par celle du 16 pluviôse suivant, sont de nouveau et définitivement prorogés de deux mois, à compter de l'expiration en chaque département du délai fixé par ladite loi du 16 pluviôse (1).

_____

(1) Voy. ci-devant page 118, la note au bas de la loi du 16 pluviôse.

I

LIVRE VI.

MODÈLES DES ACTES

Qui sont à faire pour la réduction en pratique des lois précédentes.

BORDEREAU D'INSCRIPTION.

BORDEREAU *pour Antoine Bonnet*,

CONTRE *Jean Soulier.*

ANTOINE BONNET, *cultivateur à* . . . . . *commune de* . . . . . *canton de* . . . . . *département de.* . . . . .

CRÉANCIER *de Jean Soulier, aubergiste à* . . . . . . *commune de* . . . . . *canton de* . . . . . *département de* . . . . .

EN VERTU *de* . . . . . (tel titre.). . . . *dont le brevet* . . . . (ou expédition.). . . . . *en due forme,* est *ci-joint ;*

POUR . . . . . (telle ou telles sommes, ou objets)
SAVOIR,

1°. *Pour un capital de* . . . . (en toutes lettres.) . . . *dû pour* . . . . (telle cause.). . . . *et déjà échu.* ci. . . . . „fr. „déc. „cent,

2°. *Pour autre capital de* . . . . . (en toutes lettres.) . . . . . *dû pour*

(telle cause.). . . *échéant le* . . . .

(jour, mois et an.) . . . . . *ci* . .   »   »   »

3°. *Pour frais de* . . . *montant à* . . *ci*   »   »   »

4°. *Pour intérêts de* . . . (telle som-

me.) . . . *échus jusqu'à ce jour, et*

sans . . . . . (ou avec.) . . . . .

retenues légales ; iceux montant à . . .

ci . . . .   »   »   »

5°. *Pour ceux à échoir, dont la somme*

dépend de l'époque où le payement

s'effectuera ; sauf la réduction à deux

années, suivant la loi . . (1) *ci* . . . MÉMOIRE.

VOULANT *acquérir* . . . . (ou conserver.) . . . *hy-*
pothèque . . . (ou privilége.) . . . *sur un champ appar-*
tenant audit Soulier; situé dans . . . (telle lieu.) . . . .
appelé . . . *confrontant du levant, à* . . . *du midi, à* . . .
du couchant, à . . . . *et du nord, à* . . . .

REQUIERT *le préposé au bureau des hypothèques établi*
à . . . *de procéder à l'inscription de cette* . . (ou ces.) . .
créance, suivant les formes prescrites par les lois hypothé-
caires, et en vertu du présent bordereau.

DÉCLARANT *ledit Bonnet qu'il élit domicile à* . . . .
(au moins dans le ressort.) . . . *chez le citoyen Pierre*
Lacaille, homme de loi, rue de . . . . N°. . . . .

FAIT *double et présenté au bureau de* . . . . *le* . . . . . .
(jour, mois et an.) . . . *par* . . . (Si c'est un fondé de
pouvoir, on le déclare,) . . . *soussigné.*

(La signature.)

---

(1) Le conservateur ne peut exiger qu'on arrête ici le total ;
ce qui n'est possible qu'après que les intérêts incertains sont
devenus déterminés. (*Voyez au surplus la note sur l'art.* 20
de la loi du 21 *ventôse, page* 124).

Le conservateur met, au bas de celui des doubles qui demeure au requérant, son certificat d'inscription, avec la date et le *fol.* du registre, pour faciliter les recherches, dans le besoin. Il y comprend le reçu des droits, tant fixes que proportionnels : ces derniers ne sont perçus que sur le capital, et non sur les accessoires (*V. loi du 21 ventôse, art.* 20, *etc. page.* **124.**). Mais quant à la manière de régler le capital, on peut consulter ce qui est établi (*Ibid. art.* 25, *page.* 125) à l'égard des transcriptions.

S'il s'agit d'une hypothèque légale ou judiciaire, au lieu de désigner les immeubles, il suffit de dire :

VOULANT *acquérir hypothèque sur tous les biens hypothéquables que possède* . . . (ou possédoit à telle époque, que l'on désigne s'il est besoin.) . . . *ledit* . . . . (le débiteur.) . . . . *dans l'arrondissement du bureau ci-dessous désigné ;*

REQUIERT *le préposé* . . . (le reste comme dessus.).

Et s'il étoit question d'hypothèque générale sur tous biens présens et à venir, on diroit :

VOULANT *conserver son hypothèque sur tous les biens présens et à venir, hypothéquables en vertu des lois tant anciennes que nouvelles, possédés actuellement ou à posséder dans la suite par ledit* . . . (le débiteur.) . . . *dans l'arrondissement du bureau ci-dessous désigné, etc.* (Rappelez-vous que pour toute hypothèque antérieure à la loi, comme est celle-ci, on n'est pas tenu de produire le titre de créance).

Enfin lorsque l'inscription se fait pour quelqu'un des trois cas énoncés en l'article 21 de la première loi, il y a encore d'autres différences à faire. Voici un modèle pour un de ces cas ; on pourra l'adapter aux autres.

ANTOINE BONNET, ... (les nom, prénom, qualité et demeure du requérant, comme dessus).....

CRÉANCIER *de Jean Soulier* ... (nom, prénom, qualité et demeure du grevé). ...

POUR *la reddition de compte de la tutelle et administration de sa personne et biens, qu'a exercée ledit Jean Soulier en sa qualité de tuteur nommé par justice audit Bonnet, le* .... (jour, mois et an).

VOULANT *acquérir* (ou conserver) *hypothèque pour ladite reddition de compte, sur tous les biens susceptibles d'en être grevés, possédés actuellement par ledit Soulier, dans l'arrondissement du bureau ci-dessous désigné, etc.*

N'oubliez pas que les inscriptions sur les rentes constituées se prennent au bureau du dernier domicile du créancier d'icelles.

PROCÈS VERBAL DE VISITE
POUR RÉPARATIONS A FAIRE.

AUJOURD'HUI ... (tel jour, mois et an) ... *à deux heures du soir, Nous.* .... (tel). .... *expert nommé d'office*

I 3

par le juge de paix du canton de..... *par jugement du*.... ; (la date d'icelui)... *conformément à la loi du* 11 *brumaire an* 7 , *article XII; nous sommes , en vertu de citation à nous donnée à la requête de* ..... *par exploit du* ..... (date de l'exploit).... *signé de* .... (tel huissier); *transporté au lieu de* ... (de l'opération).... *commune de* ... *etc.*

A L'EFFET *de visiter une maison appartenante à* .... *et de constater l'état de ladite maison et vérifier la nécessité*.... (ou utilité).....de .....(telle ou telles réparations , constructions, etc.) *que ledit* .... (le propriétaire) .... *veut y faire faire , et dont ledit* .... (l'entrepreneur).... *s'est chargé moyennant les conventions stipulées entre eux , et qu'il nous est inutile d'énoncer ici.*

OU ÉTANT *à quatre heures du soir, sommes entré dans ladite maison , dans laquelle avons trouvé* .... (tels, tels, tels) .... *et de suite en leur présence avons procédé à notre opération , ainsi qu'il suit* .... (il faut en donner le détail exact , mais non minutieux ni prolixe).

DE TOUT *quoi nous avons dressé le présent rapport, sur les lieux, sans désemparer , et icelui clos à six heures du soir : et ont signé avec nous* .... (tel et tel) ... *mais ont déclaré ne vouloir* .... (ou ne pouvoir) ... *signer* ... (tel , tel).

Si quelqu'un manquoit de comparoître sur l'assignation, l'expert doit attendre l'espace d'une heure, et ensuite procéder par défaut; de quoi il fait mention pour valoir preuve.

Ce procès verbal doit être inscrit avant les ouvrages commencés.

PROCÈS VERBAL

DE RÉCEPTION D'OUVRAGES.

AUJOURD'HUI, *etc...* (adaptez-y la formule du précédent; ils ne diffèrent qu'en ce que l'un constate la nécessité des ouvrages, et l'autre leur valeur effective et réelle).

NOTIFICATION PAR L'ACQUÉREUR

AUX CRÉANCIERS.

L'AN SEPT *de la république, etc. . . . . à la requête, etc. je soussigné, etc.*

ME SUIS *transporté au domicile élu par . . . . dans le bordereau d'inscriptions par lui prise sur . . . . (tel héritage.) . . . . comme appartenant à . . . . son débiteur; pareillement, au domicile élu par . . . dans le, etc.....*

OU ÉTANT *et parlant à . . . au domicile élu par . . . (tel.) . . . et parlant à . . . . au domicile élu par . . . (tel.) . . . j'ai, conformément à l'article* 30 *de la loi du* 11 *brumaire an* 7 *, notifié,* 1°. *le contrat d'acquisition faite, etc. . . . .* 2°. *Le certificat de la transcription dudit contrat au bureau des hypothèques de . . . .* 3°. *L'état des charges et hypothèques dont le susdit héritage est grevé; avec déclaration expresse que le requérant n'entend point s'obliger indéfiniment aux dettes hypothécaires dont ledit héritage est*

I 4

grevé; mais seulement jusqu'à concurrence du prix de l'acquisition, qui s'élève à la somme de . . . .

LE MONTANT de laquelle somme de . . . . demeurera
affecté à celles qui viendront les premières en ordre sur ledit
héritage ; lesquelles seront acquittées, ou sur le champ si elles
sont échues, ou à leur terme si elles ne le sont pas, ou à la
volonté du requérant si elles sont de nature à n'être point exigées : le tout suivant les titres antérieurs, auxquels l'acte de
mutation n'a pas dérogé ; et à concurrence seulement du prix,
comme il a été déjà dit.

ET J'AI à chacun desdits . . . . et pour eux à chacune
des personnes sus-énoncées, laissé copie, tant du contrat d'acquisition, du certificat de transcription d'icelui, et de l'état
des charges et hypothèques, que du présent exploit.

RÉQUISITION PAR LES CRÉANCIERS,

DE LA MISE AUX ENCHÈRES.

L'AN, etc. . . . . . à la requête, etc. . . . . créancier hypothécaire de . . . Je soussigné, etc.

ME SUIS transporté, 1°. au domicile de . . . . acquéreur
de . . . . (tel héritage) . . . . à lui vendu par ledit . . . . .
(le débiteur) . . . . ainsi qu'il résulte de l'acte de mutation
reçu . . . (tel notaire) . . . . le . . . (jour, mois et an) . . . ,
notifié au requérant par exploit de . . . . le . . . . 2°. au domicile dudit . . . . (le débiteur vendeur) . . . .

AUXQUELS en parlant à . . . . au domicile dudit . . . et en
parlant à . . . . au domicile dudit . . . . j'ai déclaré, conformément à l'art. 31 de la loi du 11 brumaire an 7, que

ledit.... requiert la mise aux enchères et adjudication publique dudit héritage.

EN CONSÉQUENCE, *que ledit requérant se soumet de porter, ou faire porter, le prix de ladite mutation ....(ou le prix offert par ledit ....) au moins à la somme de .... excédant ledit prix de celle de ..... qui forme au delà du vingtième.* (Mais si l'aliénation étoit antérieure à la nouvelle loi, le créancier doit offrir au moins un dixième en sus, et en outre donner caution. Voyez loi première, article 49).

ET J'AI , *à chacun d'eux, et pour eux à chacune desdites personnes trouvées en leurs domiciles, délivré copie du présent. Et a le requérant signé tant à l'original qu'à chacune desdites copies.*

Si le requérant ne sait pas signer, l'exploit se rédige ainsi:

L'AN, *etc.... à la requête, etc.... poursuite et diligence de ...son fondé de procuration authentique reçue....* (tel notaire) ......*duement enregistrée, etc. etc......* (comme dessus).

ET J'AI *à chacun, etc. délivré copie tant de ladite procuration, que du présent ; et a ledit fondé de pouvoir signé, tant à l'original, qu'à chacune desdites copies.*

COMMANDEMENT
PRÉCÉDANT LES AFFICHES.

L'AN, *etc. ... et le quatre ventôse, à dix heures du matin ....(l'heure est essentielle à cause du délai du visa)...*

à la requête de . . . . *je soussigné.* . . . . *me suis transporté au domicile de* . . . . (du débiteur). . . .

AUQUEL *en parlant à* . . . . *j'ai en vertu de* . . . (relatez sommairement le titre exécutoire). . . . *fait commandement, de par la loi et au nom du Peuple français, de payer sur le champ au requérant, ou pour lui à moi huissier porteur des pièces, la somme de* . . . . *pour les causes exprimées audit.* . . . . (le titre exécutoire). . . . *ainsi que les intérêts d'icelle à cinq pour cent, sans retenue* . . . . (ou avec retenue). . . . *depuis* . . . . (l'époque où ils ont couru). . . *et ensemble les dépens liquidés à* . . . . *ainsi que les frais de mise à exécution.*

LUI DÉCLARANT *qu'à défaut de ce, le requérant se pourvoira par toutes voies de droit, et nommément par saisie et vente judiciaire de* . . . . (tels et tels héritages, que l'on désigne d'une manière très-sommaire (1).

_____

(1) J'ai vu prétendre que la désignation des immeubles devoit se faire par un acte séparé du commandement, sur le motif que la loi 2ᵉ. porte, art. 2, *Que chaque copie doit contenir en* TÊTE *la transcription du titre et la désignation des immeubles.* Mais cette opinion me semble fausse et même absurde. Car, 1°. rien n'empêche d'extraire de l'original la désignation des immeubles, pour la mettre à la tête de la copie. 2°. Cette expression, *en tête*, est une simple manière de parler fondée sur ce que les transcriptions de titres se font communément en tête de l'exploit ; et non une disposition rigoureuse de la loi. Et certes voudroit-on annuller un commandement sur la seule raison que le titre exécutoire seroit *à la suite* et non *en tête* de l'exploit ? Les lois ne sont pas captieuses. 3°. Il paroit que ces mots, *en tête*, ne se rapportent qu'à la transcription du titre. 4°. Si la loi avoit entendu exiger un acte aussi insolite, qui entraine de nouveaux frais, soit de rédaction, soit pour le fic, et dont l'utilité n'est pas connue, elle n'auroit pas manqué de le dire clairement.

ET LUI AI , *en parlant à qui dessus est énoncé , laissé copie du titre susdit et du présent.*

V I S A (1).

VISÉ *par nous.... juge de paix .... (ou assesseur)... du canton de .... le... (jour , mois, an et heure).*

AFFICHE VALANT SAISIE.

VENTE JUDICIAIRE D'IMMEUBLES.

DE PAR LA LOI ET JUSTICE.

LE PUBLIC *est averti que le ....(jour, mois, an et heure).... en l'auditoire du tribunal civil de .... séant*

---

(1) Le *visa* doit-il être enregistré ? La négative me paroît évidente : car aucune loi ne l'y soumet. Et on ne peut pas raisonnablement dire que le *visa* est compris sous la dénomination générale des *actes du juge de paix* ; qui sont tous sujets à l'enregistrement ; ce seroit s'écarter des notions reçues, et forcer le sens des mots : un *visa* n'est pas un acte ; surtout celui dont il s'agit ici , qui n'est que le complément , l'achèvement, la continuation de l'exploit et a pour but de remplacer l'assistance des ci-devant records ou témoins.

Néanmoins dans la pratique il est prudent de consulter l'usage des tribunaux, pour ne pas s'exposer, même à de mauvaises contestations.

Mais il y auroit un moyen d'éviter tout inconvénient, qui

à.... et à la requête, poursuite et diligence d'*Antoine Bonnet*, laboureur à.... commune de.... canton de.... département de.....

IL SERA *procédé contre Jean Soulier, aubergiste à* .... commune de..... canton de..... département de ....

A LA VENTE *et adjudication judiciaire, au plus offrant et dernier enchérisseur, des immeubles qui sont ci-dessous désignés, et appartenans audit Soulier;*

SAVOIR EST, 1°. *d'un champ appelé* .... *situé au territoire de* .... *contenant* .... *joignant du levant, à* .... *du midi, à* .... *du couchant, à* .... *et du nord, à* .... *sur lequel champ il existe* .... (telles et telles inscriptions ; elles sont désignées de manière à en faire connoître la date, le créancier, le montant et l'échéance).

2°. *D'un pré, etc.*.... (comme dessus)....

3°. *D'un bois, etc.*.....

DE TOUS *lesquels héritages le revenu est fixé sur le rôle de l'impôt foncier;*

		fr.	d.	c.
	1°. Pour ledit champ, à.. ci..	»	»	»
SAVOIR,	2°. Pour ledit pré, à .... ci..	»	»	»
	3°. Pour ledit bois, à ... ci..	»	»	»

DE LAQUELLE *vente et adjudication les charges et conditions seront,* 1°. *de rembourser au poursuivant, dans les dix jours de l'adjudication, tous les frais qui auront été faits pour y parvenir.* 2°. *De se charger de celles des créances inscrites qui seront colloquées en rang utile pour les acquitter à leur*

---

seroit d'incorporer le *visa* dans la rédaction de l'original de l'exploit, que le juge de paix signeroit pour valoir *visa* ; cette méthode épargneroit un enregistrement inutile, sans heurter l'opinion contraire.

échéance. 3.º *De payer au poursuivant, sans terme ni délai*
.... (ou à telle époque) .... *la somme de* ...... *pour*
laquelle ladite vente est poursuivie, si tant le prix abonde.
4º. *Enfin de payer au saisi le surplus, s'il en existe* ......
(Désignez ainsi toutes les conditions de la vente ; car
l'affiche sert de base à l'adjudication).

DÉCLARANT *le poursuivant que pour la mise à prix ser-*
vant de première enchère, il met, 1º. *ledit champ au prix et*
somme de .... *ci* .... ,,*fr.* ,,*déc.*,,*cent.*

2º. *Ledit pré', à celle de* ... *ci* ... ,, ,, ,,
3º. *Ledit bois, à celle de* ... *ci* ... ,, ,, ,,

ET A LEDIT *Bonnet, poursuivant, fait élection de domi-*
cile audit .... (le lieu ou siége le tribunal.) .....
chez .... (un tel.) .... *rue de* .... *N*º. ....

L'huissier afficheur met au bas :

Pour affiche extraite et collationnée sur le procès verbal
dressé le ... (tel jour, mois et an.) ... *par nous.* ...
(l'immatricule de l'huissier.) .... *soussigné.*
(L'huissier signe pour rendre l'affiche authentique).

J'ai dit, *l'huissier-afficheur :* car le poursuivant,
ni aucun autre pour lui, ne peut validement procéder aux affiches, attendu que toute poursuite
judiciaire et exécution de jugemens ou actes, appartient exclusivement aux huissiers. De plus une affiche qui seroit faite à part du procès verbal de l'huissier, formeroit un acte séparé, sujet à un autre
droit d'enregistrement ; ce qui est bon à éviter.

PROCÈS VERBAL

D'APPOSITION D'AFFICHE.

L'AN *sept de la république, etc.* . . . . *à la requête de* . . *je soussigné* . . . . (immatricule de l'huissier.) . . . . . *me suis transporté au chef-lieu de la commune de* . . . . . . *canton* . . . . *département* . . . .

OU ÉTANT *à* . . . . (telle heure.) . . . *j'ai procédé à la publication, par affiches en placards imprimés, d'une vente d'immeubles, poursuivie par ledit* . . . . *contre* . . . (un tel.) . . *ainsi qu'il s'ensuit* . . . . (transcrivez ici littéralement et mot à mot la teneur de l'affiche.) . . . .

QUOI FAISANT *j'en ai affiché et placardé une copie imprimée*, 1°. *sur un des jambages de la porte de la maison commune dudit lieu.* 2°. *Sur un pilier de pierre qui est au coin, etc.* (désignez ainsi chaque affiche en particulier de même que le dépôt d'un exemplaire au greffe, qui est une quasi-affiche.) . . . .

EN FOI DE QUOI *j'ai dressé le présent procès verbal et icelui clos à cinq heures du soir* . . . (l'heure de la clôture détermine l'expiration des 24 heures du *visa*.)

Si l'huissier se transporte en divers lieux, il en dresse également acte, par continuation du même procès verbal. Mais il n'est pas nécessaire qu'un seul et même huissier fasse l'opération entière.

Cet acte est soumis au même *visa* que le commandement.

On le notifie au saisi et aux créanciers : il est inutile de donner un modèle de cette notification, qui est toute simple, mais qui est soumise, et au *visa*, et à l'inscription (*Voyez loi 2, art. 6.*).

PROCÈS VERBAL

D'ENCHÈRES ET JUGEMENT D'ADJUDICATION.

IL est indubitable qu'on doit dresser un procès verbal d'enchères à l'audience, 1°. parce que l'art. 19 le suppose. 2°. Parce qu'il est essentiel de constater d'une manière sûre et authentique quels sont les différens metteurs ; même ceux dont les mises ont été couvertes, parce qu'on peut après coup découvrir des nullités dans les dernières enchères, avant l'audience levée, et qu'alors on revient aux précédentes (*V. La dernière note sur l'art.* 15 *de la* 2e. *loi.*).

Ce procès verbal est très-sommaire et doit renfermer dans son préambule l'énoncé rapide des poursuites.

AUJOURD'HUI *cinq ventôse, l'an sept de la république française, à neuf heures du matin, en l'audience publique du tribunal civil du département du Cantal, icelle tenant à Saint-Flour en l'auditoire accoutumé, séans les citoyens.* . . (tel, tel.) . . . . .

EST COMPARU, *etc.* . . . . (il est inutile que nous en disions davantage.) . . .

Ce procès verbal est suivi du jugement d'adjudication, qui ne paroît point affranchi de la formalité rigoureuse des quatre parties, exigées par la loi de 1790.

EXPLOIT D'INTERVENTION

EN REVENDICATION.

L'AN, etc . . . . . à la requête . . . . je soussigné . . . .
me suis transporté au domicile de . . . . (noms qualités et
domicile élu du poursuivant.). . . . et de là sans divertir
à autres actes, au domicile de . . . . (noms, qualités et
demeure du saisi.) . . . .

AUXQUELS j'ai déclaré, en parlant à . . . . au domicile
dudit . . . . (le poursuivant.) . . . et en parlant à . . .
au domicile dudit . . . (le saisi.) . . . . que le requérant
intervient par le présent acte sur la saisie et adjudication judiciaire d'immeubles poursuivie par ledit . . . . (le poursuivant.) . . . . . contre ledit . . . . (le saisi.) . . . .
près le tribunal civil du département de . . . . .

LADITE intervention formée, à l'effet par ledit intervenant de revendiquer, 1°. un champ appelé . . . situé . . .
contenant . . . . confrontant, de levant, à . . . de midi,
à . . . . de couchant, à . . . . et de bise, à . . . 2°. Un
pré appelé . . . . (continuez à détailler chaque héritage
de la même manière. V. la loi 2°. art. 27.).

LESQUELS héritages appartiennent audit intervenant, en
vertu de . . . . (tel, tel titre.) . . . . dont il déposera
l'expédition au greffe du susdit tribunal pour en offrir communication aux parties intéressées.

DÉCLARANT

DÉCLARANT *au surplus que ladite intervention sera jugée par le susdit tribunal civil aux jour, lieu, et heure captés sur les affiches pour la susdite adjudication, et avant de procéder à icelle.*

ET JE LEUR *ai à chacun, et pour eux aux personnes sus-énoncées, laissé copie du présent.*

PROCÈS VERBAL D'ORDRE.

AUJOURD'HUI . . . (jour, mois, an et heure.) . . : *au greffe du tribunal civil du département de . . . par-devant nous . . . . greffier au même tribunal ;*

EST COMPARU . . . . (tel.) . . . *créancier de . . : (le saisi.) . . . . lequel en vertu de l'art.* 31 *de la loi du* 11 *brumaire an sept, nous a requis de procéder à l'ouverture du procès verbal d'ordre, pour la distribution du prix provenu de l'adjudication judiciaire du domaine de . . . . prononcée au profit de . . . (l'adjudicataire.) . . . sur la saisie et pour-suites exercées par . . . (le saisissant.) . . . contre . . . (le saisi.) . . . par jugement du tribunal, le . . . (jour, mois et an.) . . . .*

. A QUOI *adhérant, et sur l'exhibition qu'il nous a faite de l'état certifié par le conservateur des hypothèques de . . . . . (tel arrondissement.) . . . de toutes les inscriptions exis-tantes sur les biens compris dans ladite adjudication, lequel état demeure joint au présent acte ; nous avons dressé le ta-bleau des créances énoncées audit état d'inscriptions, selon l'ordre dans lequel il nous a paru qu'elles doivent être collo-quées, et de la manière qui s'ensuit ; sauf néanmoins les ré-*

K

clamations légitimes qui seront faites dans le délai utile de trente jours, et accueillies par le tribunal.

NOUS AVONS *donc colloqué,* 1°. *le citoyen* .... *etc.* ....
(et ainsi de suite).

Notez que s'il se présente ensuite d'autres créanciers, soit pour être colloqués, soit pour réclamer contre les collocations déjà faites, soit pour demander quelque production de titres, le greffier en fait mention, à mesure qu'ils comparoissent.

Le greffier doit sommer tous requérans de signer, ou déclarer qu'ils n'ont pu ou voulu signer.

Au surplus, il est incontestable que le projet d'ordre se dresse lors de l'ouverture du procès verbal, et de l'exhibition de l'état des créances inscrites, et non après la clôture du même procès verbal. Car, 1°. l'homologation de l'ordre se porte *à la première audience,* après les trente jours (*loi* 2, *art.* 34.). Souvent donc le délai entre la clôture et l'audience ne seroit pas suffisant pour dresser l'ordre. 2°. Il y a plus, et toutes les réclamations contre l'ordre, doivent être exercées avant la clôture du procès verbal, et on a pour cela tout le délai des trente jours (*loi* 2, *art.* 33.). Mais pourroit-on réclamer contre un ordre qui n'existeroit pas encore? On ne sauroit même le connoître alors avant l'audience; ce qui est absurde.

Je n'ignore pas qu'un ouvrage (*qui me tombe sous la main*), donné par *Sagnier, homme de loi,* revêtu même de l'approbation des ex-membres de la commission des cinq-cents, a avancé le contraire ; mais il en est résulté, ce qui arrive toujours, quand on s'écarte des principes. L'auteur a été obligé de violer ouvertement la loi, pour établir son opinion. En effet il enseigne qu'à la première audience, on se contentera de nommer des commissaires pour dresser l'ordre, et qu'on renverra à une audience subséquente, pour prononcer l'homologation ; tandis que la loi dit formellement que *l'homologation* de l'ordre sera portée à la *première audience*, après les trente jours (*loi* 2 , *art.* 34.). D'ailleurs, de quel droit Sagnier fait-il rendre la justice par commissaires, si la première rédaction de l'ordre est un acte de juridiction ; et dans le cas contraire, pourquoi privera-t-il le greffier du droit acquis de rédiger tous les actes qui se prennent au greffe ? Ajoutons que Sagnier nous feroit plaisir de nous marquer les formes et les délais dans lesquels les intéressés pourront alors connoître et contester le tableau de collocation avant l'audience. Mais ce n'est pas la seule défectuosité à relever dans cet ouvrage, dont le principal mérite paroît être de grossir la somme des émolumens du fisc.

Faisons une réflexion, savoir, que les membres particuliers du corps législatifs ne devroient pas légèrement revêtir du sceau de leur approbation les ouvrages d'un auteur qui ne mandie leur suffrage, que pour faire attribuer faussement à ses productions une autorité quasi-légale dans le public. Aussi

Sagnier a-t-il eu soin d'insinuer astucieusement dans ses affiches, que l'observation de *ses formules* étoit nécessaire, *à peine de nullité.*

BORDEREAU DE COLLOCATION.

Par JUGEMENT *du tribunal civil du département du Cantal, rendu le six floréal, an sept, sur l'homologation d'ordre et distribution du prix provenu de l'adjudication judiciaire du domaine de* .... *prononcée par le même tribunal, le* .... *au profit de* .... *sur la saisie et poursuites de* .... *contre* .....

A ÉTÉ ALLOUÉ *à* ..... (tel) .... *l'un des créanciers dudit* .... *une collocation utile de* .... (telle somme) ...

SAVOIR:

1°. *Pour un capital de* ..... *provenant de prêt de pareille somme fait par* .... (tel) .... *à* ... (tel) ... *suivant l'obligation, etc.* .... *ci*　　» » »

2°. *Pour deux années d'intérêts dudit capital, adjugés par jugement de* ... (tel tribunal, tel jour)* .... *ci* . . . .　　» » »

3°. *Etc.* ..... (Désigner ainsi la nature et quotité de chaque objet ou accessoire). ....

LADITE *collocation payable* .... (à tel terme, ou sans terme ni délai) .....

AU MOYEN *de quoi le présent bordereau a été délivré par le greffier dudit tribunal du Cantal, en exécution dudit jugement d'homologation; pour être ladite somme de* ...... *sur la présentation d'icelui, payée par ledit adjudicataire audit*

..... colloqué, sur et en déduction du prix de ladite adjudication ; quoi faisant il demeurera quitte et déchargé d'autant
envers et contre tous.

Lorsque la créance colloquée est en tout ou en
partie non exigible, ou à terme non échu ; le bordereau distingue ce qui est ou n'est pas exigible,
ou ne l'est qu'à terme, et dans quel délai.

APPENDICE

AUX LIVRES PRÉCÉDENS.

TARIF

Des droits d'hypothèque (1).

Droits fixes.

1°. Pour l'inscription de chaque droit d'hypothèque ou privilége, quel que soit le nombre des
créanciers, si la formalité est requise par le même   **f. d. c.**
bordereau, ci . . . .   » 5 »

2°. Pour la transcription de chaque acte de
mutation, par rôle d'écriture contenant vingt-
cinq lignes à la page et dix-huit syllabes à la ligne. .   » 2 5

3°. Pour chaque déclaration de changement de
domicile. . . . .   » 2 5

4°. Pour l'inscription de chaque notification
de procès verbaux d'affiches . . . .   1 » »

5°. Pour chaque radiation d'inscription . . . .   » 5 »

---

(1) Ces droits sont exprimés en francs, décimes, et centimes. Tout
le monde sait que le franc vaut 20 sous, le décime, 2 sous; et le centime un peu moins d'un liard, puisque le sou vaut 5 centimes.

Au reste c'est une très-mauvaise méthode que de ne compter que par
francs et centimes, sans décimes : par exemple, de dire: 20 francs
trente-cinq centimes; au lieu de 20 francs, 3 décimes, 5 centimes. On
fait par là évanouir l'avantage du calcul décimal ; d'ailleurs les gens
simples y sont plus facilement trompés.

6°. Pour chaque extrait d'inscription, ou certificat qu'il n'en existe aucune . . . .

7°. Pour les copies collationnées des actes déposés ou transcrits dans les bureaux, par chaque rôle de vingt-cinq lignes à la page, et de dix-huit syllabes à la ligne . . . .

8°. Pour le papier timbré, plus ou moins, suivant la longueur des actes . . . .

	f.	d.	c.
6°.	»	5	»
7°.	»	2	5
8°.	»	»	»

Droits proportionnels d'inscription de créances hypothécaires antérieures à la publication de la loi du 11 brumaire, an VII.

	f.	d.	c.
Pour un capital de deux mille francs	1	»	»
Pour un de 1,000 francs	»	5	»
Pour un de 200 francs.	»	1	»
Pour un de 100 francs	»	»	5
Pour un de 80 francs	»	»	4
Pour un de 60 francs	»	»	3
Pour un de 40 francs.	»	»	2
Pour un de 20 francs	»	»	1

(*Au-dessous de vingt francs on prend également un centime, le fort denier demeurant au fisc*).

Droits proportionnels d'inscription de créances postérieures à la publication de la loi du 11 brumaire.

	f.	d.	c.
Pour un capital de mille francs	1	»	»
Pour un de 500 francs	»	5	»
Pour un de 100 francs.	»	1	»
Pour un de 50 francs.	»	»	5
Pour un de 40 francs	»	»	4

Pour un de 30 francs. . . . . » » 3
Pour un de 20 francs . . . . » » 2
Pour un de 10 francs. . . , ... » » 1

(*Au-dessous de* 10 *francs, on prend également un centime, le fort denier demeurant au
fisc*).

Droits proportionnels de transcription.

	f.	d.	c.
Sur un prix, réglé par l'enregistrement à cent francs	1	5	»
Sur un réglé à 50 francs.	»	7	5
Sur un réglé à 20 francs	»	3	»
Sur un réglé à 10 francs	»	1	5
Sur un réglé à 9 francs, (*le fort denier au fisc*).	»	1	4
Sur un réglé à 8 francs.	»	1	2
Sur un réglé à 7 francs, (*le fort denier au fisc*).	»	1	1
Sur un réglé à 6 francs	»	»	9
Sur un réglé à 5 francs, (*le fort denier au fisc*).	»	»	8
Sur un réglé à 4 francs	»	»	6
Sur un réglé à 3 francs, (*le fort denier au fisc*).	»	»	5
Sur un réglé à 2 francs	»	»	3
Sur un réglé à 1 franc, (*le fort denier au fisc*).	»	»	2

Les receveurs sont tenus à exprimer chaque droit séparément et en toutes lettres, dans leurs reçus.

Sur tout cela, voyez la loi du 21 ventôse, page 122 *, etc.*

NOTE IMPORTANTE.

Plusieurs auteurs ont donné des commentaires avant moi , sur cette importante matière ; mais j'avois écrit le mien avant qu'aucun autre ne parût , au moins dans nos départemens; j'en ai d'irréprochables témoins. J'avois différé de le livrer à l'impression, dans l'attente qu'il paroîtroit quelque ouvrage , qui ne laisseroit rien à désirer , ou qui feroit du moins la plus grande partie de ce qu'il y avoit à faire , sur des principes trop nouveaux pour n'être pas de difficile application pour beaucoup de monde : mais aucun de ceux qui sont parvenus à ma connoissance , ne m'a semblé rendre inutile la publication de mon petit travail. L'un est trop prolixe, et par cela même coûteux à acquérir , et pénible à lire ; l'autre donne dans le défaut opposé ; un autre ne traite qu'une partie de la matière ; et la plupart enfin surchargent le lecteur d'une recompilation inutile des anciens principes, que l'on connoit déjà, ou que l'on peut puiser dans des sources pour le moins aussi pures , sans que j'entende humilier personne. J'ai trouvé encore qu'ils faisoient des nouvelles lois, certaines explications, trop singulières pour être vraies , et quelquefois même évidemment contradictoires avec le texte de la loi. Peut-être ne suis-je pas à couvert de ce reproche : mais j'ose espérer que je l'aurai mérité moins souvent.

Au reste je me suis rarement amusé à les réfuter ; ce travail auroit inutilement grossi le volume ; je me suis contenté de motiver mes décisions opposées : quelquefois même j'ai négligé ce soin lorsque je l'ai cru inutile.

Les aveugles partisans de Chabrol , ceux-là sur-tout qui ne l'ont jamais lu , ou qui n'en ont guères lu que le titre ou

le frontispice , ne me pardonneront pas sans doute la réflexion que je me suis permise , page 27 ; la seule réputation
dont jouissoit Chabrol avant même d'écrire , leur paroî-
tra un argument sans replique. Je leur dirai , que je ne pré-
tends pas que cet auteur ne fût point, dans son vivant, un jurisconsulte éclairé , même plus qu'ordinaire ; cela peut-être :
mais il y a bien loin d'un bon jurisconsulte, à un bon auteur ;
et celui qui confond les deux ne mérite aucune réponse.

TABLE.

LIVRE III.

LIVRE IV.

LIVRE V.

LIVRE VI.

APPENDICE.

F I N.

www.ingramcontent.com/pod-product-compliance
Lightning Source LLC
Chambersburg PA
CBHW071850200326
41519CB00016B/4317